중학 신입생 예비과정

영어

정답과 해설 PDF 파일은 EBS 중학사이트 (mid.ebs.co.kr)에서 내려받으실 수 있습니다

효과가 상상 이상입니다.

예전에는 아이들의 어휘 학습을 위해 학습지를 만들어 주기도 했는데,
이제는 이 교재가 있으니 어휘 학습 고민은 해결되었습니다.
아이들에게 아침 자율 활동으로 할 것을 제안하였는데,
"선생님, 더 풀어도 되나요?"라는 모습을 보면,
아이들의 기초 학습 습관 형성에도 큰 도움이 되고 있다고 생각합니다.

ㄷ초등학교 안00 선생님

어휘 공부의 힘을 느꼈습니다.

학습에 자신감이 없던 학생도 이미 배운 어휘가 수업에 나왔을 때 반가워합니다.
어휘를 먼저 학습하면서 흥미도가 높아지고
동기 부여가 되는 것을 보면서 어휘 공부의 힘을 느꼈습니다.

ㅂ학교 김00 선생님

학생들 스스로 뿌듯해해요.

처음에는 어휘 학습을 따로 한다는 것 자체가 부담스러워했지만,
공부하는 내용에 대해 이해도가 높아지는 경험을 하면서
스스로 뿌듯해하는 모습을 볼 수 있었습니다.

ㅅ초등학교 손00 선생님

앞으로도 활용할 계획입니다.

학생들에게 확인 문제의 수준이 너무 어렵지 않으면서도
교과서에 나오는 낱말의 뜻을 확실하게 배울 수 있었고,
주요 학습 내용과 관련 있는 낱말의 뜻과 용례를
정확하게 공부할 수 있어서 효과적이었습니다.

ㅅ초등학교 지00 선생님

학교 선생님들이 확인한
어휘가 문해력이다의 학습 효과!
직접 경험해 보세요

학기별 교과서 어휘 완전 학습
<어휘가 문해력이다>
— 예비 초등 ~ 중학 3학년 —

중학 신입생 예비과정

영어

Structure

이 책의 구성과 특징

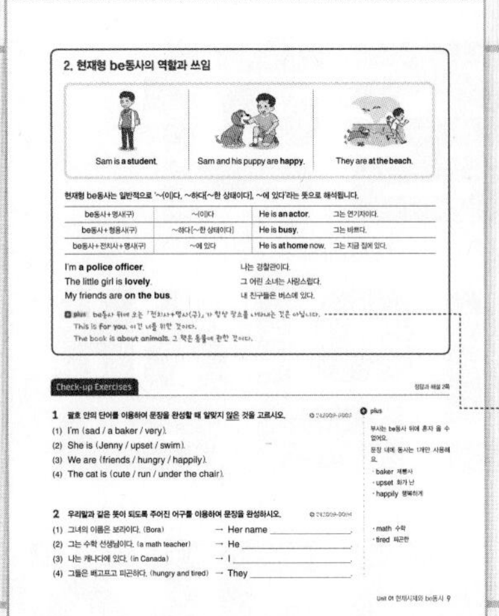

Grammar Point

중학 1학년 영어교과 학습에 필수적인 문법 개념을 핵심 포인트로 정리하여 제시합니다. 직관적인 삽화와 적절한 예문을 배치하여 개념 이해를 돕고, 확인문제 풀기 활동을 통해 한 번 더 개념을 짚어볼 수 있습니다.

plus

- 핵심 포인트에서 놓쳐서는 안 되는 중요한 추가 문법 개념을 정확히 짚어줍니다.

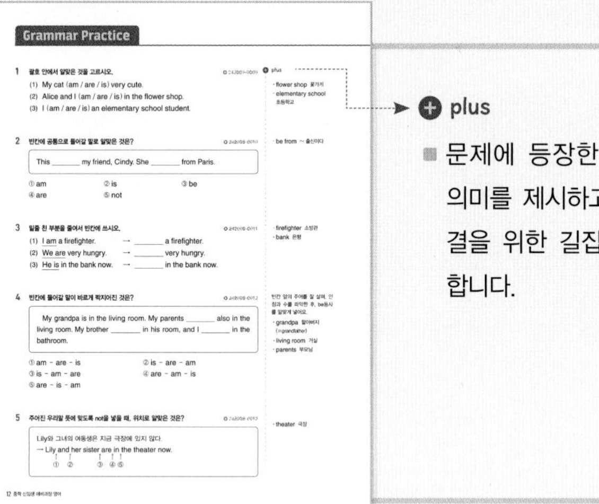

Grammar Practice

Grammar Point에서 학습한 문법 개념이 다양한 유형의 실전 문제로 구성되어 있습니다. 중학 1학년 영어교과 시험에서 접하게 될 문제들을 난이도별, 유형별로 분류하여 최대한 다양한 문제들을 풀어볼 수 있는 기회를 제공합니다.

plus

- 문제에 등장한 어휘들의 의미를 제시하고, 문제 해결을 위한 길잡이 역할을 합니다.

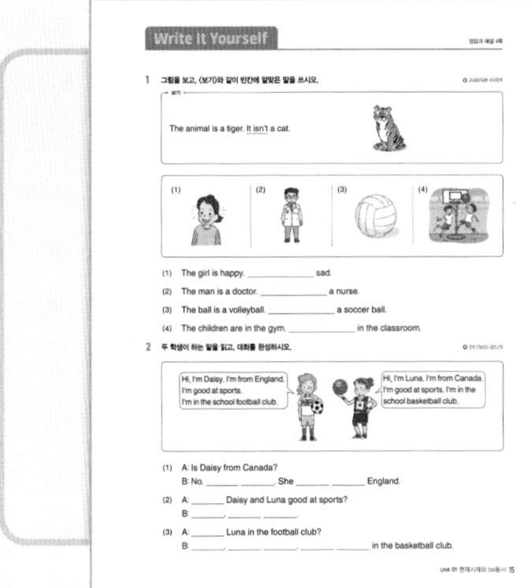

Write It Yourself

1 그림을 보고, (보기)와 같이 빈칸에 알맞은 말을 쓰시오.

보기: The animal is a tiger. It isn't a cat.

(1) The girl is happy. ____________ sad.
(2) The man is a doctor. ____________ a nurse.
(3) The ball is a volleyball. ____________ a soccer ball.
(4) The children are in the gym. ____________ in the classroom.

2 두 학생이 하는 말을 읽고, 대화를 완성하시오.

Hi, I'm Daisy. I'm from England. I'm good at sports. I'm in the school football club.
Hi, I'm Luna. I'm from Canada. I'm good at sports. I'm in the school basketball club.

(1) A: Is Daisy from Canada?
B: No, ______ ______. She ______ ______ England.
(2) A: ______ Daisy and Luna good at sports?
B: ______, ______ ______.
(3) A: ______ Luna in the football club?
B: ______, ______ ______. ______ ______ in the basketball club.

Unit 01 현재시제의 be동사 15

Write It Yourself

Grammar Point와 Grammar Practice를 통해 학습한 문법 아이템을 직접 활용해 볼 수 있는 기회를 제공합니다. 다양한 상황을 표현한 삽화, 도표, 게시판 등의 시각적 자료에서 구체적 정보를 찾아, 주어진 질문에 영문으로 답을 하거나 대화 혹은 짧은 글을 완성함으로써, 이해(R)를 바탕으로 한 표현(P)연습을 할 수 있습니다.

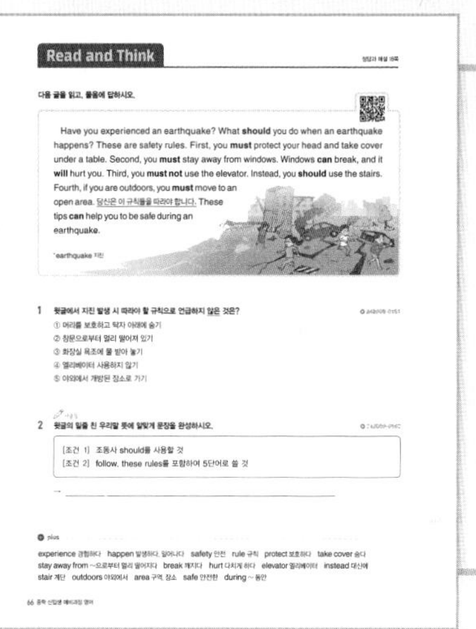

Read and Think

다음 글을 읽고, 물음에 답하시오.

Have you experienced an earthquake? What **should** you do when an earthquake happens? These are safety rules. First, you **must** protect your head and take cover under a table. Second, you **must** stay away from windows. Windows **can** break, and it **will** hurt you. Third, you **must not** use the elevator. Instead, you **should** use the stairs. Fourth, if you are outdoors, you **must** move to an open area. 당신은 이 규칙들을 따라야 합니다. These tips **can** help you to be safe during an earthquake.

*earthquake 지진

1 윗글에서 지진 발생 시 따라야 할 규칙으로 언급하지 않은 것은?
① 머리를 보호하고 탁자 아래에 숨기
② 창문으로부터 멀리 떨어져 있기
③ 화장실 욕조에 물 받아 놓기
④ 엘리베이터 사용하지 않기
⑤ 야외에서 개방된 장소로 가기

2 윗글의 밑줄 친 우리말 뜻에 알맞게 문장을 완성하시오.
[조건 1] 조동사 should를 사용할 것
[조건 2] follow, these rules를 포함하여 5단어로 쓸 것
→ ______________________

plus
experience 경험하다 happen 발생하다, 일어나다 safety 안전 rule 규칙 protect 보호하다 take cover 숨다 stay away from ~으로부터 멀리 떨어지다 break 깨지다 hurt 다치게 하다 elevator 엘리베이터 instead 대신에 stair 계단 outdoors 야외에서 area 구역, 장소 safe 안전한 during ~ 동안

66 중학 신입생 예비과정 영어

Read and Think

중학 1학년 영어교과서에서 자주 등장하는 친숙한 소재들을 이용한 다양한 주제의 지문과 이해도를 체크할 수 있는 문제들로 구성되어 있습니다. 앞에서 학습한 문법 아이템을 반복적으로 노출하여, 각각의 문장들, 문장과 문장들 간의 유기적 연결고리를 보다 쉽게 파악할 수 있습니다.

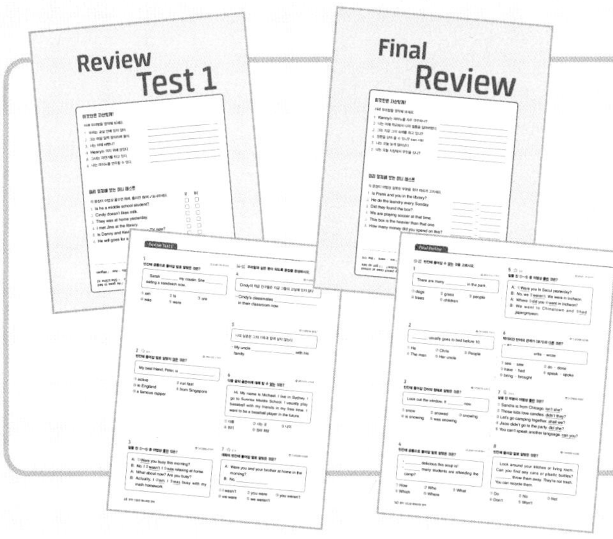

Review

총 3회의 리뷰 테스트에서 제공하는 실전 문제들을 풀어보며 앞에서 학습한 내용들을 총정리하고 자신의 실력을 점검해 볼 수 있습니다. 각 테스트를 들어가기에 앞서 워밍업을 할 수 있는 코너가 마련되어 있고, 각 테스트는 33개의 문제들로 구성되어 총 99개의 문제들을 풀어볼 수 있습니다.

Contents

이 책의 차례 및 학습내용

PART 1
시제와 동사

- 중학 1학년 영어교과서에서 가장 많이 사용하는 시제인 현재시제, 과거시제, 현재진행시제, 과거진행시제의 개념과 쓰임을 이해합니다.
- 현재시제, 과거시제를 기반으로 be동사와 일반동사의 알맞은 형태와 사용방법을 학습합니다.
- 진행시제의 개념을 이해하고, 현재진행시제 vs. 현재시제를, 현재진행시제 vs. 과거진행시제를 구분하여 사용합니다.
- 중학 1학년 영어교과서에서 노출 빈도가 높은 조동사를 엄선하여, 각 조동사의 상황별 의미를 이해하고 알맞은 쓰임을 익힙니다.

PART 2
품사와 문장

- 영어의 기본이 되는 8품사 중, 명사, 형용사, 부사의 형태 변화와 역할을 이해하고 전치사의 알맞은 사용방법을 학습합니다.
- PART 1에서 익혔던 Yes / No 의문문을 기반으로, 의문사를 이용하여 구체적인 정보를 묻고 답하는 방법을 익힙니다.
- 기본적인 긍정문, 부정문, 의문문 외에 다양한 문장의 형태가 있음을 알고, 중학 1학년 영어교과서에서 자주 활용하는 명령문, 제안문, 부가의문문, 감탄문의 사용방법을 학습합니다.

초등학교와 달라지는

중학교, 이렇게 시작하세요!

수업 시간이 길어진다던데…

늘어나는 수업 시간!

많아지는 학습량

새롭게 시작되는 중학교 생활! 중학교는 수업 시간이 45분으로, 초등학교에 비해 5분 늘어납니다. 또 배우는 과목도 많아지고 과목마다 선생님이 다릅니다. 그러나 두려워할 필요는 없습니다. 달라지는 평가 방법을 파악하고 학습 전략을 제대로 수립한다면 중학교에서도 좋은 성적을 거둘 수 있습니다.

시험은 어떻게 준비하지?

달라지는 평가 방법!

평가계획서 확인하기

중학교에서는 1년간 학습 내용과 평가 운영 계획을 작성하여 미리 안내합니다. 중학교에서의 평가는 지필평가와 수행평가로 구성되고, 반영비율을 적용하여 절대평가로 성적이 산출됩니다. 평가계획서에는 지필평가와 수행평가를 시행하는 횟수, 수행평가 방법, 반영비율 등 평가와 관련된 모든 정보가 담겨 있습니다. 각 평가계획서는 학교 홈페이지와 '학교알리미'를 통해 확인 가능합니다.

[국어 평가계획서 예시]

평가 종류	지필평가			수행평가	
반영비율	60%			20%	20%
횟수 및 평가 영역	1차(중간고사)		2차(기말고사)	설명문 쓰기	고민 처방전 공유하기
	선택형	서 · 논술형	선택형		
만점(반영비율)	60점(18%)	40점(12%)	100점(30%)	100점(20%)	100점(20%)
평가 시기	4월 29, 30일 ~ 5월 1일		7월 3, 4, 5일	3월	6월

어떻게 공부해야 할까?

성공적인 중학 생활을 위한

과목별 학습 전략의 필요성

중학교는 교과목에 따른 학습 전략을 세울 필요가 있습니다. 특히 중학교의 교과는 고등학교 과목의 기초가 되기 때문에 고교까지 연결되는 교과 특성에 맞게 학습 습관을 만들어야 합니다.

영어 과목

초등학교에서 다양한 상황별 표현을 활동 중심으로 익혔다면 중학교에서는 문법을 체계적으로 이해하고 이를 활용하여 독해, 영작 등으로 학습합니다. 문법의 기초를 단단히 다지고, 다양한 지문을 읽어보며 독해력을 높이는 것이 좋습니다.

★ **EBS 100% 활용하기**
(+학습 습관 기르기)

- 교재에 수록된 문항코드로 모르는 문제만 골라 강의로 확인하기
- EBS에서 제공하는 다양한 내신 대비 특강 & 수행평가 대비 특강 수강하기

Unit 01

현재시제와 be동사

이것만은 꼭!

주어가 누구인지? 현재 어떤 상태인지? 현재 어디에 있는지? 표현하고 싶다면 [   ] 시제에서 [   ] 동사를 사용한다.

미리 살펴보는 핵심구문

- We **are** classmates.
- He is **Jimin**. He is **9 years old**. He's **from Korea**.
- He **is not** hungry.
- **Is** he in the kitchen?

미리 풀어보는 미니 O/X 퀴즈

	O	X
be동사의 현재형은 총 2개이다.	☐	☐
be동사는 주어의 인칭과 수에 따라 구분하여 사용한다.	☐	☐
be동사를 이용하여 부정문을 만들려면 not이 필요하다.	☐	☐
be동사는 모두 not과 축약해서 쓸 수 있다.	☐	☐
주어로 사용된 인칭대명사와 be동사를 축약해서 쓰기도 한다.	☐	☐
be동사 뒤에는 명사, 형용사만 나올 수 있다.	☐	☐

이것만은 꼭! 정답 현재, be
미리 풀어보는 미니 O/X 퀴즈 정답 X, O, O, X, O, X

Grammar Point

1. be동사의 현재형

I **am** Billy.

You **are** Emily.

She **is** my friend.

They **are** my friends.

현재시제에서 be동사는 주어의 인칭과 수에 따라 am, are, is의 형태로 사용되며, 아포스트로피(')를 이용하여 앞에 있는 인칭대명사와 함께 줄여 쓸 수도 있습니다.

	단수	복수
1인칭	I **am**[I'**m**] (I → 나는)	We **are**[We'**re**] (We → 우리들은)
2인칭	You **are**[You'**re**] (You → 너는)	You **are**[You'**re**] (You → 너희들은)
3인칭	He **is**[He'**s**] / She **is**[She'**s**] / It **is**[It'**s**] (He → 그는, She → 그녀는, It → 그것은)	They **are**[They'**re**] (They → 그들은, 그것들은)

I **am**[I'**m**] tired. 나는 피곤하다.
You **are**[You'**re**] very smart. 너는 아주 똑똑하다.
She **is**[She'**s**] my homeroom teacher. 그녀는 나의 담임 선생님이시다.
Tony and Ron **are** in the gym now. Tony와 Ron은 지금 체육관에 있다.

Check-up Exercises

정답과 해설 2쪽

1 괄호 안에서 알맞은 것을 고르시오. 242009-0001

(1) I (am / are / is) sleepy.
(2) She (am / are / is) in the bathroom.
(3) Sam's puppies (am / are / is) very cute.
(4) We (am / are / is) middle school students.

plus
- sleepy 졸린
- bathroom 욕실
- cute 귀여운

2 밑줄 친 부분을 줄여 쓰시오. 242009-0002

(1) <u>You are</u> my hero. → ____________
(2) <u>I am</u> from Canada. → ____________
(3) <u>They are</u> in the cafeteria. → ____________
(4) <u>It is</u> a very interesting idea. → ____________

- hero 영웅
- cafeteria 카페테리아, 구내 식당

2. be동사 현재형의 역할과 쓰임

Sam is **a student**.

Sam and his puppy are **happy**.

They are **at the beach**.

be동사의 현재형은 일반적으로 '~(이)다, ~하다[~한 상태이다], ~에 있다'라는 뜻으로 해석됩니다.

be동사+명사(구)	~(이)다	He is **an actor**.	그는 연기자이다.
be동사+형용사(구)	~하다[~한 상태이다]	He is **busy**.	그는 바쁘다.
be동사+전치사+명사(구)	~에 있다	He is **at home** now.	그는 지금 집에 있다.

I'm **a police officer**. 나는 경찰관이다.
The little girl is **lovely**. 그 어린 소녀는 사랑스럽다.
My friends are **on the bus**. 내 친구들은 버스에 있다.

plus be동사 뒤에 오는 「전치사+명사(구)」가 항상 장소를 나타내는 것은 아닙니다.
This is **for you**. 이건 너를 위한 것이다.
The book is **about animals**. 그 책은 동물에 관한 것이다.

Check-up Exercises

정답과 해설 2쪽

1 괄호 안의 단어를 이용하여 문장을 완성할 때 알맞지 않은 것을 고르시오. 242009-0003

(1) I'm (sad / a baker / very).
(2) She is (Jenny / upset / swim).
(3) We are (happily / hungry / friends).
(4) The cat is (cute / run / under the chair).

plus
문장 내에 동사는 1개만 사용해요.
- baker 제빵사
- upset 화가 난
- happily 행복하게

2 우리말과 같은 뜻이 되도록 주어진 어구를 이용하여 문장을 완성하시오. 242009-0004

(1) 그녀의 이름은 보라이다. (Bora) → Her name ____________________.
(2) 그는 수학 선생님이다. (a math teacher) → He ____________________.
(3) 나는 캐나다에 있다. (in Canada) → I ____________________.
(4) 그들은 배고프고 피곤하다. (hungry and tired) → They ____________________.

- math 수학
- tired 피곤한

3. be동사 현재형의 부정문

I **am not** happy.

We **are not** sad.

He **is not** Bob.

They **are not** my sisters.

be동사 현재형(am, are, is) 뒤에 not을 써서 「주어+be동사+not」의 형태로 be동사 현재형의 부정문을 나타내며, '~(이) 아니다, ~하지 않다[~한 상태가 아니다], ~에 있지 않다'라고 해석합니다.

긍정문	주어	be동사 (am / are / is)	나머지	.

부정문	주어	be동사 (am / are / is)	not	나머지	.

⊕ plus are not은 aren't로, is not은 isn't로 줄여 쓸 수 있지만, am not은 줄여 쓰지 않습니다.

주어	현재형 be동사의 부정형	줄임말
I	am not	–
You / We / They	are not	aren't
He / She / It / Peter	is not	isn't

I **am not** a chef. 나는 요리사가 아니다.
We **are not [aren't]** busy. 우리는 바쁘지 않다.
He **is not [isn't]** at the bus stop. 그는 버스 정류장에 있지 않다.
Jack and Irene **are not [aren't]** hungry. Jack과 Irene은 배고프지 않다.

Check-up Exercises

정답과 해설 2쪽

1 우리말과 같은 뜻이 되도록 문장을 완성하시오. ▶ 242009-0005

(1) 나는 준비가 되지 않았다. → I ________ ________ ready.
(2) 그는 열세 살이 아니다. → He ________ ________ thirteen.
(3) 그들은 공원에 있지 않다. → They ________ ________ in the park.
(4) 그 책들은 내 것이 아니다. → The books ________ ________ mine.

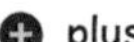
plus
- ready 준비가 된
- thirteen 13, 열 셋

2 다음 문장을 부정문으로 바꿀 때 빈칸에 들어갈 말을 줄임말로 쓰시오. ▶ 242009-0006

(1) It is my ball. → It ________ my ball.
(2) She is a good pianist. → She ________ a good pianist.
(3) We are excited about it. → We ________ excited about it.

- pianist 피아니스트
- excited 신이 난

4. be동사 현재형의 의문문

Is the pizza delicious?

Yes, it is.

No, it isn't.

be동사 현재형이 사용된 문장의 의문문은 be동사를 문장의 제일 앞에 써서 「Am/Are/Is+주어 ~?」로 나타내며, '~(이)니?, ~하니[~한 상태이니]?, ~에 있니?'라고 해석합니다.

긍정문	주어	be동사 (am / are / is)	나머지	.

의문문	be동사 (Am / Are / Is)	주어	나머지	?

이때 의문문에 대한 대답은 「Yes, 주어+am/are/is.」 또는 「No, 주어+am not/aren't/isn't.」로 나타냅니다.

A: **Are** you upset? 너는 화가 났니?

B: **Yes**, I **am**. 응, 맞아. / **No**, **I'm not**. 아니, 그렇지 않아.

↳ you로 물었을 때는 I 또는 we로 답함

A: **Is** Peter in his room? Peter는 그의 방에 있니?

B: **Yes**, he **is**. 응, 맞아. / **No**, he **isn't**.[No, he**'s not**.] 아니, 그렇지 않아.

↳ 주어(Peter)에 해당하는 인칭대명사(he)를 사용

Check-up Exercises

정답과 해설 2쪽

1 다음 문장을 의문문으로 바꿀 때 빈칸에 알맞은 말을 쓰시오. ▶ 242009-0007

(1) They are sick. → ________ ________ sick?

(2) She is in the kitchen. → ________ ________ in the kitchen?

(3) You are Nick's brother. → ________ ________ Nick's brother?

(4) The little boy is smart. → ________ ________ ________ ________ smart?

plus

우리말에서는 남자형제를 '형, 남동생, 오빠'로 구분하여 사용하지만, 영어에서는 모두 brother로 사용해요.

- sick 아픈
- smart 똑똑한

2 다음 질문에 대한 대답을 완성하시오. ▶ 242009-0008

(1) A: Are you Mr. Clark?
B: Yes, ________ ________.

(2) A: Is she nervous?
B: No, ________ ________.

(3) A: Is this pen yours?
B: Yes, ________ ________.

(4) A: Are your dogs okay?
B: No, ________ ________.

의문문에 나왔던 주어를 인칭대명사로 바꿔 답해요. (this pen → it / your dogs → they)

- nervous 긴장한

Grammar Practice

1 **괄호 안에서 알맞은 것을 고르시오.** ▶ 242009-0009

(1) My cat (am / are / is) very cute.

(2) Alice and I (am / are / is) in the flower shop.

(3) I (am / are / is) an elementary school student.

➕ plus

- flower shop 꽃가게
- elementary school 초등학교

2 **빈칸에 공통으로 들어갈 말로 알맞은 것은?** ▶ 242009-0010

This ________ my friend, Cindy. She ________ from Paris.

① am ② is ③ be
④ are ⑤ not

- be from ~ 출신이다

3 **밑줄 친 부분을 줄여서 빈칸에 쓰시오.** ▶ 242009-0011

(1) I am a firefighter. → ________ a firefighter.

(2) We are very hungry. → ________ very hungry.

(3) He is in the bank now. → ________ in the bank now.

- firefighter 소방관
- bank 은행

4 **빈칸에 들어갈 말이 바르게 짝지어진 것은?** ▶ 242009-0012

My grandpa is in the living room. My parents ________ also in the living room. My brother ________ in his room, and I ________ in the bathroom.

① am - are - is ② is - are - am
③ is - am - are ④ are - am - is
⑤ are - is - am

빈칸 앞의 주어를 잘 살펴, 인칭과 수를 파악한 후, be동사를 알맞게 넣어요.

- grandpa 할아버지 (=grandfather)
- living room 거실
- parents 부모님

5 **주어진 우리말 뜻에 맞도록 not을 넣을 때, 위치로 알맞은 것은?** ▶ 242009-0013

Lily와 그녀의 여동생은 지금 극장에 있지 않다.
→ Lily ① and ② her sister ③ are ④ in ⑤ the theater now.

- theater 극장

6 다음 중 밑줄 친 부분을 줄여 쓸 수 없는 것은? ▶ 242009-0014

① I am not tall. ② That is yours.
③ He is not kind. ④ We are from China.
⑤ They are not in the library.

plus
- yours 너의 것[너희들의 것] (you의 소유대명사)
- kind 친절한

고난도

7 빈칸에 들어갈 말로 알맞지 않은 것은? ▶ 242009-0015

He is ____________.

① young ② a pilot ③ my uncle
④ swim well ⑤ in his office

be동사 뒤에 올 수 있는 세 가지 유형의 말을 생각해 보세요.
- pilot (비행기) 조종사

8 빈칸에 들어갈 말로 알맞은 것은? ▶ 242009-0016

It's ________ my bike. It's Sarah's.

① be ② am ③ not
④ isn't ⑤ aren't

- bike 자전거

서술형

9 다음 문장을 괄호 안의 지시대로 바꿔 쓰시오. ▶ 242009-0017

Chris and his sister are in the restaurant.

→ (부정문) ________________________________
→ (의문문) ________________________________

- restaurant 식당

10 그림과 일치하도록 질문에 알맞은 답을 쓰시오. ▶ 242009-0018

← Sam

A: Sam, are you thirsty?
B: __________, __________ __________.

- thirsty 갈증 나는

11 빈칸에 들어갈 말로 알맞지 않은 것은? ▶ 242009-0019

_______ is a good guitarist.

① He ② She ③ They
④ The man ⑤ My brother

plus
빈칸 뒤에 있는 be동사와 함께 쓰일 수 없는 것을 골라요.
• guitarist 기타리스트

12 대화의 빈칸에 들어갈 말로 알맞은 것은? ▶ 242009-0020

A: Is Tony a good singer?
B: Yes, _______________.

① he is ② he isn't ③ you are
④ they are ⑤ they aren't

• singer 가수

13 빈칸에 들어갈 말이 나머지 넷과 다른 하나는? ▶ 242009-0021

① We _______ from Brazil. ② My parents _______ angry.
③ The man _______ my uncle. ④ They _______ good dancers.
⑤ She and I _______ in the library.

주어의 인칭과 수를 잘 파악하고 알맞은 be동사의 형태를 떠올려봐요.
• uncle 삼촌
• library 도서관

☆ 중요

14 어법상 틀린 부분을 찾아 바르게 고쳐 쓰시오. ▶ 242009-0022

Is Brian and Jenny in the computer lab now?
(Brian과 Jenny는 지금 컴퓨터실에 있니?)

_____________ → _____________

문장의 주어는 Brian and Jenny예요.
• computer lab 컴퓨터실

서술형

15 주어진 어구를 이용하여 우리말과 같은 뜻이 되도록 문장을 완성하시오. ▶ 242009-0023

민지는 아주 키가 크지 않지만, 그녀의 부모님은 아주 키가 크시다.
(very tall, parents)
→ Minji _______________, but her _______________.

• parents 부모님

Write It Yourself

정답과 해설 4쪽

1 **그림을 보고, 〈보기〉와 같이 빈칸에 알맞은 말을 쓰시오.** ▶ 242009-0024

보기

The animal is a tiger. It isn't a cat.

(1) 

(2) 

(3) 

(4) 

(1) The girl is happy. ______________ sad.

(2) The man is a doctor. ______________ a nurse.

(3) The ball is a volleyball. ______________ a soccer ball.

(4) The children are in the gym. ______________ in the classroom.

2 **두 학생이 하는 말을 읽고, 대화를 완성하시오.** ▶ 242009-0025

Hi, I'm Daisy. I'm from England. I'm good at sports. I'm in the school football club.

Hi, I'm Luna. I'm from Canada. I'm good at sports. I'm in the school basketball club.

(1) A: Is Daisy from Canada?
B: No, _______ _______. She _______ _______ England.

(2) A: _______ Daisy and Luna good at sports?
B: _______, _______ _______.

(3) A: _______ Luna in the football club?
B: _______, _______ _______. _______ _______ in the basketball club.

Read and Think

정답과 해설 4쪽

다음 글을 읽고, 물음에 답하시오.

Snowball **is** a mother rabbit with two baby rabbits. The babies **are** Clover and Cotton. Clover **is** gray with big ears. Cotton **is** white with a fluffy tail. They **are** two months old, so they **are not** very big. They like fresh lettuce. The baby rabbits hop around the garden and play together every day. They **are** very cute. Snowball loves her babies very much. 그들은 행복한 토끼 가족이다.

1 **윗글의 내용과 일치하지 않는 것은?** 242009-0026

① Snowball은 엄마 토끼이다.
② Clover는 귀가 크다.
③ Cotton은 털이 회색이다.
④ 아기 토끼들은 상추를 좋아한다.
⑤ 아기 토끼들은 매일 함께 논다.

서술형

2 **윗글의 밑줄 친 우리말과 뜻이 같도록 주어진 어구를 배열하여 문장을 완성하시오.** 242009-0027

a / happy / they / rabbit family / are

→ ______________________________

plus

rabbit 토끼 gray 회색(의) fluffy 솜털로 뒤덮인 tail 꼬리 month 달(개월) lettuce 상추 hop 깡충깡충 뛰다 garden 정원 together 함께 every day 매일

Unit 02 현재시제와 일반동사

이것만은 꼭!

일반적인 사실, 주어의 습관적 · 반복적 행동을 표현하고 싶다면 [ ] 시제에서 [ ] 동사를 사용한다.

미리 살펴보는 핵심구문

- I **study** English.
- We **don't drink** coffee.
- **Do** they **live** in Seoul?
- Tracy **studies** Spanish.
- He **doesn't drink** milk.
- **Does** Kevin **live** in Boston?

미리 풀어보는 미니 O/X 퀴즈

	O	X
• 일반동사는 be동사와 조동사를 제외한 대부분의 동사를 말한다.	☐	☐
• 주어가 3인칭인 경우, 단수/복수에 상관없이 일반동사 현재형의 끝에 -s 혹은 -es를 붙인다.	☐	☐
• have의 3인칭 단수형은 haves이다.	☐	☐
• 일반동사 현재형의 부정문은 don't 또는 doesn't를 이용하여 만든다.	☐	☐
• 일반동사 현재형의 의문문은 do 또는 does를 이용하여 만든다.	☐	☐
• 일반동사 현재형의 부정문과 의문문에서는 일반동사 원형의 형태를 쓴다.	☐	☐

이것만은 꼭! 정답 현재, 일반

미리 풀어보는 미니 O/X 퀴즈 정답 O, X, X, O, O, O

Grammar Point

1. 일반동사의 개념

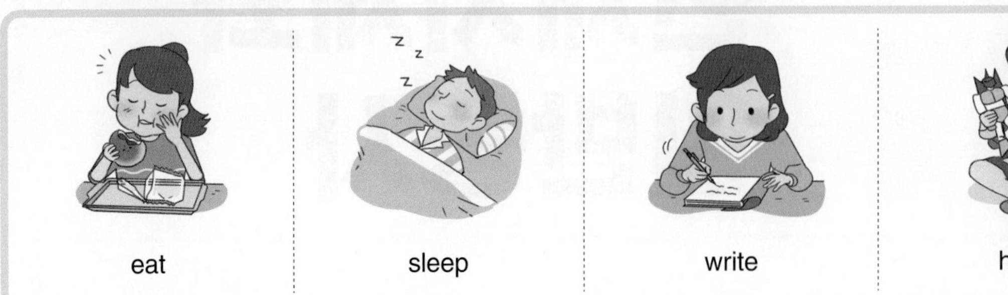

일반동사는 be동사와 조동사를 제외한 대부분의 동사를 말하며, 주로 주어의 동작이나 상태를 나타내기 때문에, 일반동사의 수는 아주 많습니다. 현재시제에서 일반동사를 이용하여 일반적인 사실, 주어의 습관적 · 반복적 행동을 표현할 수 있습니다.

구분	의미	예시	
be동사	~(이)다 ~하다[~한 상태이다] ~에 있다	I **am** a student. → 주어(I)가 어떤 존재인지 나타내기 위해 명사(a student)와 함께 사용함 He **is** sick. → 주어(He)가 어떤 상태인지 나타내기 위해 형용사(sick)와 함께 사용함	나는 학생이다. 그는 아프다.
일반동사	~을 하다	I **run** every morning. → 주어(I)의 동작(run)을 나타냄 (주어가 습관적으로 하는 행동) They **like** ice cream. → 주어(They)의 상태(like)를 나타냄 (주어에 대한 일반적인 사실)	나는 매일 아침 달린다. 그들은 아이스크림을 좋아한다.

I **need** some water. 나는 물이 조금 필요하다.
We **go** to school at 8 a.m. 우리는 오전 8시에 학교에 간다.
They **play** soccer every day. 그들은 매일 축구를 한다.

Check-up Exercises

정답과 해설 4쪽

1 다음 문장에서 동사를 찾아 밑줄을 긋고 어떤 동사에 해당하는지 고르시오. 242009-0028

(1) They have a drone. □ be동사 □ 일반동사
(2) The penguin is cute. □ be동사 □ 일반동사
(3) She and I are neighbors. □ be동사 □ 일반동사
(4) I walk to school every day. □ be동사 □ 일반동사

2 빈칸에 가장 알맞은 일반동사를 〈보기〉에서 골라 쓰시오. 242009-0029

(1) They ________ English.
(2) I often ________ a kite.
(3) The kids ________ milk every day.
(4) We ________ our hands before meals.

보기
fly learn
wash drink

plus
· drone 드론
· neighbor 이웃

· often 종종, 자주
· kite 연
· meal 식사

2. 일반동사의 현재형 (3인칭 단수형)

I **like** apples.

He **likes** pizza.

대부분의 일반동사는 현재시제에서 3인칭 단수(He/She/It/Peter ...)일 때 동사원형의 끝에 -s 혹은 -es를 붙이는데, 세부적인 규칙은 다음 표에서 확인할 수 있습니다.

대부분의 동사	+s	read → read**s**, drink → drink**s**, like → like**s**, play → play**s**
-s, -x, -ch, -sh, -o로 끝나는 동사	+es	pass → pass**es**, fix → fix**es**, watch → watch**es**, finish → finish**es**, go → go**es**
「자음+y」로 끝나는 동사	y → i+es	fly → fl**ies**, try → tr**ies**, study → stud**ies**
불규칙 동사	have → **has**	

He **plays** the piano. 그는 피아노를 연주한다. cf. I **play** the piano.
Max **goes** to school by bus. Max는 버스로 학교에 간다. cf. We **go** to school by bus.
She **tries** her best all the time. 그녀는 언제나 최선을 다한다. cf. You **try** your best all the time.
My uncle **has** a small farm. 나의 삼촌은 작은 농장을 가지고 있다. cf. They **have** a small farm.

Check-up Exercises

정답과 해설 4쪽

1 현재시제에서 주어가 3인칭 단수일 때 각 동사의 알맞은 형태를 쓰시오. 242009-0030

(1) begin → ________ (2) do → ________
(3) cry → ________ (4) have → ________
(5) buy → ________ (6) copy → ________
(7) wash → ________ (8) touch → ________

plus
- begin 시작하다
- copy 복사하다
- touch 닿다, 만지다

2 주어진 동사를 이용하여 현재시제의 문장을 완성하시오. 242009-0031

(1) I ________(love) my mom very much.
(2) Anna sometimes ________(write) a poem.
(3) My dad ________(teach) math in high school.
(4) Paul and I ________(play) badminton in the evening.

주어의 인칭과 수를 잘 살펴 보세요.
- poem 시
- high school 고등학교

3. 일반동사 현재형의 부정문

I **do not know** the answer.

He **does not know** the answer.

일반동사가 사용된 현재시제 문장의 부정문은 일반동사 원형 앞에 do not 혹은 그 줄임말인 don't를 써서 나타냅니다. 주어가 3인칭 단수(He / She / It / Peter...)인 경우 do not이 아닌 does not 혹은 그 줄임말인 doesn't를 써서 나타냅니다.

긍정문	주어	일반동사	나머지	.

부정문	주어 (I, You, We, They)	don't [do not]	일반동사 (동사원형)	나머지	.
부정문	주어 (He, She, It, Peter)	doesn't [does not]	일반동사 (동사원형)	나머지	.

(주어 (He, She, It, Peter) → 3인칭 단수)

I **don't [do not]** drink milk. 나는 우유를 마시지 않는다.

She **doesn't [does not]** eat meat. 그녀는 고기를 먹지 않는다.
(→ 주어(She)가 3인칭 단수이지만 eats라고 쓰지 않음)

The puppy **doesn't [does not]** run fast. 그 강아지는 빠르게 달리지 않는다.
(→ 주어(The puppy)가 3인칭 단수이지만 runs라고 쓰지 않음)

Check-up Exercises

정답과 해설 4~5쪽

1 우리말과 같은 뜻이 되도록 괄호 안에서 알맞은 것을 고르시오. 242009-0032

(1) 그들은 이곳에서 일하지 않는다. → They (don't / doesn't) work here.

(2) 나는 스마트폰을 사용하지 않는다. → I (don't / doesn't) use a smartphone.

(3) Keller씨는 피자를 좋아하지 않는다. → Ms. Keller (don't / doesn't) like pizza.

(4) 그 남자는 한국말을 하지 않는다. → The man (don't / doesn't) speak Korean.

plus
- work 일하다
- use 사용하다

2 다음 문장을 부정문으로 바꿀 때 빈칸에 알맞은 말을 쓰시오. 242009-0033

(1) Lisa has a bike. → Lisa _______ _______ a bike.

(2) He studies English. → He _______ _______ English.

(3) I play computer games. → I _______ _______ computer games.

(4) Jason goes to school early. → Jason _______ _______ to school early.

- study 공부하다
- early 일찍

4. 일반동사 현재형의 의문문

Do you **like** salad? – **Yes**, I **do**.

Does she **like** salad? – **No**, she **doesn't**.

일반동사가 사용된 현재시제 문장의 의문문은 문장의 앞에 Do를 써서 「Do+주어+동사원형 ~?」의 형태로 나타냅니다. 주어가 3인칭 단수(He/She/It/Peter...)일 경우 Do가 아닌 Does를 써서 나타냅니다.

긍정문	주어	일반동사	나머지	.

의문문	Do	주어 (I, you, we, they)	일반동사 (동사원형)	나머지	?
의문문	Does	주어 (he, she, it, Peter) → 3인칭 단수	일반동사 (동사원형)	나머지	?

이때 의문문에 대한 대답은 「Yes, 주어+do/does.」 혹은 「No, 주어+don't/doesn't.」로 나타냅니다.

A: **Do** you live in Seoul? 너는 서울에 사니?

B: **Yes**, I **do**. 응, 맞아. / **No**, I **don't**. 아니, 그렇지 않아.

A: **Does** Brian have a passport? Brian은 여권을 가지고 있니?

B: **Yes**, he **does**. 응, 맞아. / **No**, he **doesn't**. 아니, 그렇지 않아.

Check-up Exercises

정답과 해설 5쪽

1 다음 문장을 의문문으로 바꿀 때 빈칸에 알맞은 말을 쓰시오. 242009-0034

(1) They like chocolate. → ________ ________ ________ chocolate?

(2) You need more time. → ________ ________ ________ more time?

(3) He knows the answer. → ________ ________ ________ the answer?

(4) She has a lot of friends. → ________ ________ ________ a lot of friends?

plus
- more 더 많은
- a lot of 많은

2 다음 질문에 대한 대답을 완성하시오. 242009-0035

(1) A: Do your parents speak English?
B: Yes, ________ ________.

(2) A: Do you wake up early, Jenny?
B: No, ________ ________.

(3) A: Does she teach science?
B: Yes, ________ ________.

(4) A: Does the boy eat breakfast?
B: No, ________ ________.

- parents 부모님
- wake up (잠에서) 깨다
- science 과학

Grammar Practice

1 **다음 각 문장에서 일반동사를 찾아 밑줄을 그으시오.** ▶ 242009-0036

(1) They love Korean food.

(2) I often wash my hands.

(3) Tony sleeps for 8 hours a day.

plus
- often 종종, 자주
- wash 씻다
- sleep 자다

2 **주어의 행동이나 동작을 설명한 문장이 아닌 것은?** ▶ 242009-0037

① Sam walks to school.
② We run every morning.
③ I wash my hair every day.
④ She works for this company.
⑤ These children are very smart.

- every morning 매일 아침
- company 회사
- children 아이들

3 **빈칸에 들어갈 말로 알맞지 않은 것은?** ▶ 242009-0038

> ________ buys apples at the local market.

① She ② Daniel ③ My uncle
④ Mr. Clark ⑤ His friends

동사의 끝을 잘 보고, 주어를 판단해요.
- local market 지역 시장

☆ 중요

4 **어법상 틀린 부분을 찾아 바르게 고쳐 쓰시오.** ▶ 242009-0039

> She doesn't watches horror movies.
> (그녀는 공포 영화를 보지 않는다.)

____________ → ____________

- horror movie 공포 영화

5 **밑줄 친 부분을 줄여서 문장을 다시 쓰시오.** ▶ 242009-0040

(1) I do not drink coffee. → ____________

(2) He does not know the secret. → ____________

- drink 마시다
- secret 비밀

6 **대화의 빈칸에 들어갈 말로 알맞은 것은?** ▶ 242009-0041

A: Do you go to school by bicycle?
B: ________ I go to school by bus.

① Yes, I am. ② Yes, I do. ③ Yes, you are.
④ No, I don't. ⑤ No, you don't.

7 **밑줄 친 부분 중 어법상 틀린 것은?** ▶ 242009-0042

It ①is ②a very easy ③question, but James ④doesn't ⑤knows the answer.

8 **우리말과 같은 뜻이 되도록 빈칸에 알맞은 말을 쓰시오.** ▶ 242009-0043

Chris는 이 아파트에 살지 않는다.
→ Chris ________ not live in this apartment.

고난도
9 **다음을 현재시제 의문문으로 만들 때 빈칸에 들어갈 말이 나머지 넷과 다른 하나는?** ▶ 242009-0044

① ________ you like soccer?
② ________ they need forks?
③ ________ the puppies run fast?
④ ________ your cousins from Busan?
⑤ ________ Kevin and Lisa love each other?

서술형
10 **그림과 일치하도록 주어진 동사를 이용하여 현재시제 문장을 완성하시오.** ▶ 242009-0045

Justin

Justin always ________ hard, but his sister ________ ________ hard.
(study)

plus
- easy 쉬운
- apartment 아파트
- fork 포크
- cousin 사촌
- be from ~ 출신이다
- each other 서로
- always 언제나, 항상
- hard 열심히

11 **다음 중 밑줄 친 부분이 어법상 틀린 것은?** ◎ 242009-0046

① Carol always works hard.
② He reads books every day.
③ Tim's brothers studies Korean.
④ The kid has a laptop computer.
⑤ She remembers her first day of school.

plus
- work 일하다
- laptop computer 노트북 컴퓨터
- remember 기억하다

12 **대화의 빈칸에 들어갈 말로 알맞은 것은?** ◎ 242009-0047

A: Does he work here?
B: No, he ____________.

① isn't ② do ③ don't
④ does ⑤ doesn't

- here 여기(에)

13 **빈칸에 들어갈 말이 바르게 짝지어진 것은?** ◎ 242009-0048

Jason ________ one sister, and Lisa ________ two brothers. However, Andy doesn't ________ any brothers or sisters.

① has - has - has ② has - has - have ③ has - have - has
④ have - has - have ⑤ have - have - have

- however 하지만, 그러나

서술형

14 **〈보기〉와 같이, 다음 문장을 주어진 말로 시작하여 다시 쓰시오.** ◎ 242009-0049

보기
I need a new pair of shoes.
→ Allison needs a new pair of shoes.

We have a pet dog. → The girl ________________________________.

- need 필요하다
- a pair of 한 쌍[켤레]의

서술형

15 **다음 문장을 괄호 안의 지시대로 바꿔 쓰시오.** ◎ 242009-0050

The first class begins at 9 o'clock.

→ (부정문) ________________________________
→ (의문문) ________________________________

- begin 시작하다
- o'clock 정각

Write It Yourself

정답과 해설 6쪽

1 **두 사람의 요일별 일정표를 보고, 문장을 완성하시오.** ⊙ 242009-0051

	Monday	Tuesday	Wednesday	Thursday	Friday
Me	play soccer	swim	take a yoga class	water the plants	play the guitar
Terry	study math	play basketball	watch a movie	go jogging	read books

(1) Monday: I play soccer with my friends, and Terry ______________ at home.

(2) Tuesday: I ______________ in the pool, and Terry ______________ with his friends.

(3) Wednesday: I ____________________, and Terry ______________ with his brother.

(4) Thursday: I ______________ in the garden, and Terry ______________.

(5) Friday: I ______________ at home, and Terry ______________ in the library.

2 **그림을 보고, 〈보기〉와 같이 빈칸에 알맞은 말을 쓰시오.** ⊙ 242009-0052

Judy

Christine

Roy and his brother

Peter

보기

Judy doesn't have a runny nose. (runny nose)
She has a fever. (fever)

(1) Christine ______________________________. (headache)

She ______________________________. (sore throat)

(2) Roy and his brother ______________________________. (fever)

They ______________________________. (headache)

(3) Peter ______________________________. (sore throat)

He ______________________________. (runny nose)

Read and Think

정답과 해설 7쪽

다음 글을 읽고, 물음에 답하시오.

(A) My family **goes** camping every month. (B) We **set** up the tent first and **have** lunch together. (C) After lunch, my sister and I **play** outdoor games like badminton. (D) Mom **read** books and Dad usually **take** a nap. (E) In the evening, I **start** a fire and Dad **cooks** dinner over the flames. We **eat** under the stars. At night, we **roast** marshmallows and **share** stories around the campfire. We **don't go** to bed early. We **listen** to the sounds of nature. I **love** camping and I **love** my family.

1 윗글의 분위기와 글쓴이의 심경이 바르게 연결된 것은? ▶ 242009-0053

① sad - relaxed
② calm - worried
③ romantic - upset
④ peaceful - happy
⑤ exciting - nervous

2 윗글의 (A)~(E) 중 어법상 틀린 문장을 찾아 기호를 쓰고, 바르게 고쳐 쓰시오. (단, 완전한 문장으로 다시 쓸 것) ▶ 242009-0054

(　　) → ______________________________

plus

go camping 캠핑 가다　set up 설치하다　outdoor 야외의　like ~ 같은　take a nap 낮잠을 자다　flame 불꽃　roast 굽다
marshmallow 마시멜로　share 공유하다, 나누다　campfire 캠프파이어, 모닥불　go to bed 잠자리에 들다　nature 자연

Unit 03

과거시제와 be동사

이것만은 꼭!

주어가 누구였는지, 과거에 어떤 상태였는지, 과거에 어디에 있었는지를 표현하고 싶다면

[   ] 시제에서 [   ] 동사를 사용한다.

미리 살펴보는 핵심구문

- I **was** tired. They were tired, too.
- She was **a little girl**. She was **cute**. She was **in Tokyo**.
- We **were not** busy yesterday.
- **Were you** at home last night?

미리 풀어보는 미니 O/X 퀴즈

	O	X
• be동사의 과거형은 총 3개이다.	☐	☐
• 주어로 사용된 인칭대명사와 be동사의 과거형은 축약해서 쓰지 않는다.	☐	☐
• be동사의 과거형은 뒤에 명사(구), 형용사(구), 전치사구가 올 수 있다.	☐	☐
• be동사의 과거형 뒤에 not을 써서 부정문을 만든다.	☐	☐
• be동사의 과거형과 not은 축약해서 쓰지 않는다.	☐	☐
• be동사의 과거형을 이용하여 의문문을 만들기 위해서는, be동사 외에 다른 조동사도 필요하다.	☐	☐

이것만은 꼭! 정답 과거, be

미리 풀어보는 미니 O/X 퀴즈 정답 X, O, O, O, X, X

Grammar Point

1. be동사의 과거형

I **was** sleepy.

He **was** hungry.

They **were** happy.

과거시제에서 be동사는 주어의 인칭과 수에 따라 was, were의 형태로 사용됩니다. 현재형 am과 is의 과거형은 was이고, are의 과거형은 were입니다.

주어	be동사의 현재형	be동사의 과거형
I	am	was
He / She / It	is	
You / We / They	are	were

I **was** very tired yesterday. 나는 어제 아주 피곤했다.
He **was** in the movie theater. 그는 영화관에 있었다.
We **were** elementary school students at that time. 우리는 그때 초등학생이었다.
Ethan and Helen **were** busy with the project. Ethan과 Helen은 그 프로젝트로 바빴다.

Check-up Exercises

정답과 해설 7쪽

1 괄호 안에서 알맞은 것을 고르시오. ▶ 242009-0055

(1) I (was / were) proud of him.
(2) My parents (was / were) angry at me.
(3) She (was / were) in the teachers' office.
(4) Your daughter (was / were) just a little girl.

plus

주어의 인칭과 수를 잘 살펴, 알맞은 과거형 be동사를 골라요.

- be proud of ~을 자랑스러워하다
- teachers' office 교무실
- just 단지, 그저

2 밑줄 친 부분을 바르게 고쳐 쓰시오. ▶ 242009-0056

(1) I were excited about the trip. → ____________
(2) You was in front of the bookstore. → ____________
(3) My sister were in Sydney last year. → ____________
(4) Chris and I was interested in music. → ____________

- trip 여행
- be interested in ~에 흥미가 있다

2. be동사 과거형의 역할과 쓰임

I was **a little kid**.

She was **sick**.

We were **in the library**.

be동사 과거형(was, were)은 일반적으로 '~(이)었다, ~했다[~한 상태였다], ~에 있었다'라는 뜻으로 해석되며, be동사 현재형(am, are, is)과 마찬가지로, 주로 세 가지 유형의 말이 함께 사용됩니다.

유형	뜻	예시	
be동사+명사(구)	~(이)었다	He was **an actor** at that time.	그는 그 당시에 연기자였다.
be동사+형용사(구)	~했다[~한 상태였다]	He was **busy** an hour ago.	그는 1시간 전에 바빴다.
be동사+전치사+명사(구)	~에 있었다	He was **at home** yesterday.	그는 어제 집에 있었다.

plus 과거시제는 과거를 나타내는 부사(구)와 함께 자주 사용됩니다.

과거를 나타내는 부사(구)	yesterday 어제 / last night 어젯밤 / last week[month, year] 지난주[지난달, 작년] / at that time 그때 / ~ ago ~ 전에

Check-up Exercises

정답과 해설 7쪽

1 괄호 안의 단어를 이용하여 문장을 완성할 때 알맞지 않은 것을 고르시오. 242009-0057

(1) They were (busy / upset / travel) last week.
(2) I was (nervous / now / in Japan) at that time.
(3) We were (young / students / very) 10 years ago.
(4) He was (goes / angry / in the Italian restaurant) yesterday.

plus
- upset 화가 난
- nervous 긴장한

2 빈칸에 알맞은 be동사를 쓰시오. 242009-0058

(1) They __________ in Paris last week.
(2) My aunt __________ very tired now.
(3) Bob and Sarah __________ sick yesterday.
(4) Wendy __________ a teenager at that time.

문장 맨 뒤에 나온 시간 표현을 잘 살펴봐요.
- aunt 고모, 이모
- teenager 십대

3. be동사 과거형의 부정문

I **was not** happy.

He **was not** happy.

They **were not** happy.

be동사 과거형(was, were) 뒤에 not을 써서 「주어+be동사+not」의 형태로 be동사 과거형의 부정문을 나타내며, '~이 아니었다, ~하지 않았다[~한 상태가 아니었다], ~에 있지 않았다'라고 해석합니다.

긍정문	주어	be동사 (was / were)	나머지	.

부정문	주어	be동사 (was / were)	not	나머지	.

I **was not [wasn't]** busy this morning.	나는 오늘 아침에 바쁘지 않았다.
They **were not [weren't]** real diamonds.	그것들은 진짜 다이아몬드가 아니었다.
We **were not [weren't]** young at that time.	우리는 그 당시에 어리지 않았다.
Janet **was not [wasn't]** at home the day before yesterday.	Janet은 그저께 집에 있지 않았다.

plus was not은 wasn't로, were not은 weren't로 줄여 쓸 수 있습니다.

Check-up Exercises

정답과 해설 8쪽

1 **우리말과 같은 뜻이 되도록 be동사를 이용하여 문장을 완성하시오.** 242009-0059

(1) 나는 배가 고프지 않았다. → I ______ ______ hungry.

(2) 그 여자는 Evelyn이 아니었다. → The woman ______ ______ Evelyn.

(3) 우리는 그때 한국에 있지 않았다. → We ______ ______ in Korea at that time.

(4) 그들은 오늘 아침에 이곳에 있지 않았다. → They ______ ______ here this morning.

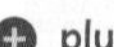
plus

- hungry 배가 고픈
- this morning 오늘 아침(에)

2 **다음 문장을 부정문으로 바꿀 때 빈칸에 들어갈 말을 줄임말로 쓰시오.** 242009-0060

(1) I was in my room. → I ________ in my room.

(2) It was sunny yesterday. → It ________ sunny yesterday.

(3) They were in the same club. → They ________ in the same club.

(4) Jerry and Emily were sick last week. → Jerry and Emily ________ sick last week.

- club 동아리
- last week 지난주

4. be동사 과거형의 의문문

Were you nervous? – **Yes**, I **was**.

Was he nervous? – **No**, he **wasn't**.

be동사 과거형이 사용된 문장의 의문문은 주어와 be동사(was, were)의 위치를 바꿔서, 즉 be동사를 문장의 제일 앞에 써서 나타내며, '~였니?, ~했니[~한 상태였니]?, ~에 있었니?'라고 해석합니다.

긍정문	주어	be동사 (was / were)	나머지	.

의문문	be동사 (Was / Were)	주어	나머지	?

이때 의문문에 대한 대답은 「Yes, 주어+was/were.」 또는 「No, 주어+wasn't/weren't.」로 나타냅니다.

A: **Was** she afraid of the snake?
그녀는 그 뱀을 무서워했니?

B: **Yes**, she **was**. 응, 맞아.
No, she **wasn't**. 아니, 그렇지 않아.

A: **Were** Lori and Judy in the science lab?
Lori와 Judy는 과학실에 있었니?

B: **Yes**, they **were**. 응, 맞아.
No, they **weren't**. 아니, 그렇지 않아.
→ 주어(Lori and Judy)에 해당하는 인칭대명사(they)를 씀

Check-up Exercises

정답과 해설 8쪽

1 다음 문장을 의문문으로 바꿔 쓰시오. 242009-0061

(1) The food was cheap. → ____________

(2) Frank was a brave kid. → ____________

(3) They were soldiers 10 years ago. → ____________

(4) You were in the amusement park. → ____________

plus

- cheap (가격이) 저렴한
- brave 용감한
- soldier 군인
- amusement park 놀이공원

2 다음 질문에 대한 대답을 완성하시오. 242009-0062

(1) A: Was he proud of his son?
B: Yes, ________ ________.

(2) A: Was it fun?
B: No, ________ ________.

(3) A: Were the kids at the playground?
B: Yes, ________ ________.

(4) A: Were you and Tony angry?
B: No, ________ ________.

'너와 Tony'라고 물었을 때는 '우리'라고 답해요.

- be proud of ~을 자랑스러워하다
- playground 놀이터

Grammar Practice

1 **다음 밑줄 친 부분을 바르게 고쳐 쓰시오.** ▶ 242009-0063

(1) She and I <u>was</u> happy yesterday. → ________

(2) <u>Were</u> the weather good last weekend? → ________

(3) The cake at the party <u>weren't</u> delicious. → ________

plus

주어가 and로 연결되어 있는 경우 주의하세요.

- delicious 맛있는

2 **빈칸에 공통으로 들어갈 말로 알맞은 것은?** ▶ 242009-0064

- It ________ a beautiful day yesterday.
- The restaurant ________ crowded last night.

① am ② is ③ are
④ was ⑤ were

문장 끝 부분에 나온 시간 표현을 보고 시제를 정확히 파악해요.

- restaurant 식당
- crowded (사람들이) 붐비는

3 **빈칸에 들어갈 말로 알맞은 것은?** ▶ 242009-0065

James ________ sad at that time. He was happy.

① isn't ② wasn't ③ aren't
④ weren't ⑤ doesn't

- at that time 그때, 그 당시에

4 **대화의 빈칸에 들어갈 말로 알맞은 것은?** ▶ 242009-0066

A: Paul, were you at the hospital last night?
B: Yes, ____________.

① I was ② I were ③ I wasn't
④ you were ⑤ you weren't

- hospital 병원

5 **빈칸에 들어갈 알맞은 be동사를 쓰시오.** ▶ 242009-0067

Jenny's puppies ____________ not very big last year.

puppies는 복수형이므로 그에 맞는 be동사를 써야 해요.

- last year 작년(에)

[6-7] 다음 빈칸에 들어갈 말로 알맞지 않은 것을 고르시오.

6 ⊙ 242009-0068

_______________ were very busy yesterday.

① We ② You ③ The girls
④ Evan and I ⑤ Your cousin

7 ⊙ 242009-0069

Mr. Wood was in Incheon _______________.

① yesterday ② tomorrow ③ last summer
④ at that time ⑤ a few days ago

고난도

8 빈칸에 들어갈 말로 알맞지 않은 것은? ⊙ 242009-0070

They were _______________.

① friendly ② customers ③ in line
④ wait here ⑤ very cute

9 어법상 틀린 부분을 찾아 바르게 고쳐 쓰시오. ⊙ 242009-0071

Was Emma and Ted in the classroom 10 minutes ago?
(Emma와 Ted는 10분 전에 그 교실 안에 있었니?)

_______________ → _______________

중요

10 그림과 일치하도록 대화를 완성하시오. ⊙ 242009-0072

A: ________ your sister happy with the gifts?
B: Yes, ________ was.

plus

• cousin 사촌

• tomorrow 내일

be동사 뒤에는 명사(구), 형용사, 혹은 「전치사+명사(구)」가 와요.

• friendly 친절한
• customer 손님

• 10 minutes ago 10분 전(에)

your sister를 나타내는 인칭대명사를 써서 답해요.

• gift 선물

11 빈칸에 들어갈 말이 바르게 짝지어진 것은? ▶ 242009-0073

A: ________ Betty in her room this morning?
B: No, she ________.

① Was - was ② Was - wasn't ③ Was - weren't
④ Were - were ⑤ Were - wasn't

plus
- this morning 오늘 아침(에)

12 빈칸에 들어갈 말이 나머지 넷과 다른 하나는? ▶ 242009-0074

① The cats ________ so quiet now.
② We ________ in Paris at that time.
③ The flowers ________ cheap last month.
④ They ________ in the gym an hour ago.
⑤ Tony and his brother ________ tired yesterday.

- quiet 조용한
- gym(=gymnasium) 체육관

13 우리말과 같은 뜻이 되도록 빈칸에 들어갈 말로 알맞은 것은? ▶ 242009-0075

그때 그는 깜짝 놀랐니?
→ ________ he surprised at that time?

① Is ② Are ③ Does
④ Was ⑤ Were

- surprised 놀란
- at that time 그때

서술형
14 우리말과 같은 뜻이 되도록 주어진 어구를 이용하여 문장을 완성하시오. ▶ 242009-0076

1시간 전에 Kyle과 나는 교실에 있었지만, Tom은 거기에 없었다.
(the classroom, there)
→ Kyle and I ______________________________ an hour ago,
but Tom ______________________.

주어에 맞는 과거형 be동사를 써서 문장을 완성해요.
- ago ~ 전에

서술형
15 다음 문장을 괄호 안의 지시대로 바꿔 쓰시오. ▶ 242009-0077

They were in the school cafeteria.

→ (부정문) ______________________________
→ (의문문) ______________________________

- school cafeteria 학교 식당

Write It Yourself

정답과 해설 9쪽

1 **그림을 보고, 과거형 be동사를 이용하여 두 사람의 여행일지를 완성하시오.** 242009-0078

May 1st

On May 1st, Paul and I __________ in the desert. The weather __________ really hot. I __________ thirsty, and Paul __________ hungry. We __________ __________ very happy.

May 5th

On May 5th, we __________ at the beach. The weather __________ great. We __________ very happy.

2 **학급 친구들의 어제 기분을 나타낸 이모지를 보고, 〈보기〉와 같이 질문과 답을 완성하시오.** 242009-0079

Peter	Lucy	Tony	Amy	Michael	Sarah
sad	bored	happy	excited	angry	angry

보기

A: Was Peter happy yesterday?
B: No, he wasn't. He was sad.

(1) A: __________ Lucy excited yesterday?
B: No, __________. __________.

(2) A: __________ Tony angry yesterday?
B: No, __________. __________.

(3) A: __________ Amy bored yesterday?
B: No, __________. __________.

(4) A: __________ Michael and Sarah happy yesterday?
B: No, __________. __________.

Read and Think

정답과 해설 10쪽

다음 글을 읽고, 물음에 답하시오.

Ten years ago, I **was** a singer in the school band. David **was** the guitarist, Thomas played the bass, and Janet **was** the drummer. My friends **were** really good musicians, but I **was not**. 나는 훌륭한 가수가 아니었다. So I practiced almost every day. Our very first concert **was** at the school festival. We **were** so nervous, but everyone **was** crazy about our music. It **was** a lot of fun. I miss those days, and I miss my friends.

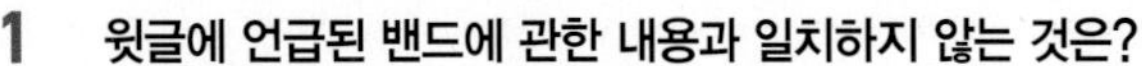

1 **윗글에 언급된 밴드에 관한 내용과 일치하지 않는 것은?** ▶ 242009-0080

① 글쓴이는 밴드의 가수였다.
② David는 기타 연주자였다.
③ Thomas가 베이스를 연주했다.
④ Janet이 드럼을 연주했다.
⑤ 첫 공연을 졸업식에서 했다.

서술형

2 **윗글의 밑줄 친 우리말 뜻에 알맞게 문장을 완성하시오.** ▶ 242009-0081

[조건 1] be동사의 과거시제를 사용할 것
[조건 2] good, singer를 사용할 것
[조건 3] 줄임말을 포함하여 총 5단어로 쓸 것

→ ______________________________

plus

band 밴드 guitarist 기타 연주자 bass 베이스 drummer 드럼 연주자 musician 음악가 practice 연습하다 almost 거의 festival 축제 nervous 긴장된 be crazy about ~에 열광하다 miss 그리워하다

Unit 04

과거시제와 일반동사

이것만은 꼭!

과거에 했던 행동, 과거에 있었던 일들을 표현하고 싶다면 ______ 시제에서 ______ 동사를 사용하며, 구체적인 시점을 정확히 나타내기 위하여 과거를 나타내는 부사(구)를 함께 쓰기도 한다.

미리 살펴보는 핵심구문

- I **watched** the movie last Sunday.
- Tony **bought** a new backpack.
- She **didn't go** to school yesterday.
- **Did** you **hear** the news?

미리 풀어보는 미니 O/X 퀴즈

	O	X
대부분의 일반동사는 동사원형의 끝에 -d를 붙여 과거형을 만든다.	☐	☐
일반동사 중에는 불규칙하게 형태를 변화시켜 과거형을 만드는 것도 있다.	☐	☐
일반동사 과거형의 부정문은 일반동사 뒤에 did not을 써서 만든다.	☐	☐
did not은 didn't로 축약하여 사용하는 경우가 많다.	☐	☐
일반동사 과거형의 의문문은 주어의 인칭과 수에 관계없이 did를 이용하여 만든다.	☐	☐
일반동사 과거형의 부정문과 의문문에서는 일반동사 원형의 형태를 쓴다.	☐	☐

이것만은 꼭! 정답 과거, 일반

미리 풀어보는 미니 O/X 퀴즈 정답 X, O, X, O, O, O

Grammar Point

1. 일반동사의 과거형 I (규칙 변화)

She **played** baseball.

He **baked** cookies.

과거에 했던 행동을 말할 때 일반동사의 과거형을 사용합니다. 대부분의 일반동사는 동사원형의 끝에 -ed를 붙여 과거형을 만들지만, 아래 표의 내용과 같이 동사의 형태에 따라 다른 규칙을 적용하기도 합니다.

동사	형태	예시
-e로 끝나는 동사	동사원형+d	like → like**d**
「자음+y」로 끝나는 동사	y → i+ed	try → tr**ied**
「단모음(강세 있음)+단자음」으로 끝나는 동사	마지막 자음을 한 번 더 쓴 뒤+ed	stop → stop**ped**

→ 주의: 마지막 음절에 강세가 없는 경우에는 → 동사원형+ed / e.g. offer → offered, visit → visited

I **cooked** dinner for my mom. 나는 엄마를 위해 저녁 식사를 요리했다.
He **used** my pencil. 그는 나의 연필을 사용했다.
She **carried** a heavy bag. 그녀는 무거운 가방을 옮겼다.
The rabbit **hopped** on the grass. 그 토끼는 풀 위에서 깡충깡충 뛰었다.

Check-up Exercises

정답과 해설 10쪽

1 **괄호 안에서 알맞은 것을 고르시오.** ▶ 242009-0082

(1) We (dance / danced) together last night.
(2) Last weekend, he (moped / mopped) the floor.
(3) My baby brother (cried / cryed) a lot this morning.
(4) Yesterday, I (watch / watched) a movie with my friend.

 plus

last ~, this morning, yesterday 등을 통해 시제를 알 수 있어요.

- mop 대걸레로 닦다
- floor 바닥

2 **괄호 안의 동사를 과거형으로 바꿔 문장을 완성하시오.** ▶ 242009-0083

(1) We __________ (worry) about you.
(2) He __________ (stop) at the red light.
(3) I __________ (wash) the dishes last night.
(4) Emily __________ (smile) when she saw the flower.

- worry 걱정하다
- wash the dishes 설거지 하다
- when ~할 때

2. 일반동사의 과거형 Ⅱ (불규칙 변화)

They **went** on a picnic.

She **saw** the monkeys.

일반동사 중에는 형태를 불규칙하게 변화시켜 과거형을 만드는 경우도 있습니다. 다만, 이러한 불규칙 변화에도 일정한 유형이 있습니다.

A-B 유형 (동사원형 ≠ 과거형)			A-A 유형 (동사원형 = 과거형)
buy – bought	bring – brought	come – came	cut – cut
get – got	sit – sat	drink – drank	put – put
run – ran	know – knew	throw – threw	hurt – hurt
feel – felt	sleep – slept	hide – hid	let – let
ride – rode	write – wrote	make – made	set – set
meet – met	pay – paid	say – said	hit – hit
see – saw	go – went	eat – ate	read[ri:d] – read[red]
find – found	have – had	stand – stood	spread – spread

John **did** his homework yesterday. John은 어제 그의 숙제를 했다.
She **cut** her finger last weekend. 그녀는 지난 주말에 그녀의 손가락을 베였다.

Check-up Exercises

정답과 해설 10쪽

1 동사의 과거형을 쓰시오. ▶ 242009-0084

(1) drink – ________ (2) have – ________
(3) let – ________ (4) ride – ________
(5) eat – ________ (6) get – ________
(7) go – ________ (8) read – ________

2 밑줄 친 동사를 과거형으로 바꿔 쓰시오. ▶ 242009-0085

(1) I come home late. → ________
(2) He sleeps on the sofa. → ________
(3) They know the answer. → ________
(4) Ashley puts her smartphone on the table. → ________

plus
- drink 마시다
- let 허락하다, ~하게 두다
- ride (탈것을) 타다

주어가 3인칭 단수라 해도 동사의 과거형에는 -s를 붙이지 않아요.
- late 늦게
- answer 답

3. 일반동사 과거형의 부정문

She **did not eat** lunch today.

He **did not go** to bed early last night.

일반동사가 사용된 과거시제 문장의 부정문은 일반동사 앞에 did not 또는 그 줄임말인 didn't를 써서 나타냅니다. 이때 did not 뒤에는 동사원형을 씁니다.

긍정문	주어	일반동사 (과거형)	나머지	.

부정문	주어	didn't [did not]	일반동사 (동사원형)	나머지	.

She **played** soccer yesterday. 그녀는 어제 축구를 했다.
→ She **didn't [did not] play** soccer yesterday. 그녀는 어제 축구를 하지 않았다.
I **swam** in the lake. 나는 호수에서 수영했다.
→ I **didn't [did not] swim** in the lake. 나는 호수에서 수영하지 않았다.

Check-up Exercises

정답과 해설 11쪽

1 우리말과 같은 뜻이 되도록 괄호 안에서 알맞은 것을 고르시오. 242009-0086

(1) 그녀는 새 드레스를 사지 않았다.
→ She (didn't buy / doesn't buy) a new dress.

(2) 나는 나의 필통을 잃어버리지 않았다.
→ I (didn't lost / didn't lose) my pencil case.

(3) 그는 수영하는 것을 배우지 않았다.
→ He (didn't learn / doesn't learn) to swim.

plus
- lose 잃어버리다
- learn 배우다

2 빈칸에 알맞은 말을 써서 부정문으로 바꾸시오. 242009-0087

(1) I finished reading the book. → I ________ ________ reading the book.
(2) We saw a beautiful bridge. → We ________ ________ a beautiful bridge.
(3) My brother fixed his bicycle. → My brother ________ ________ his bicycle.
(4) I met my friend at the library. → I ________ ________ my friend at the library.

주어진 문장에서 과거형 동사를 잘 보고, 원형의 형태를 생각해 낼 수 있어야 해요.
- finish 끝내다
- bridge 다리
- fix 고치다
- library 도서관

4. 일반동사 과거형의 의문문

일반동사가 사용된 과거시제 문장의 의문문은 문장의 앞에 Did를 써서 「Did＋주어＋동사원형 ~?」의 형태로 나타냅니다.

긍정문	주어	일반동사 (과거형)	나머지	.

의문문	Did	주어	일반동사 (동사원형)	나머지	?

이때 의문문에 대한 대답은 「Yes, 주어＋did.」 또는 「No, 주어＋didn't.」로 나타냅니다.

A: **Did** he pass the test? 그는 시험에 통과했니?
B: **Yes**, he **did**. 응, 통과했어.
No, he **didn't**. 아니, 통과하지 못했어.

A: **Did** you find your smartphone?
너는 네 스마트폰을 찾았니?
B: **Yes**, I **did**. 응, 찾았어.
No, I **didn't**. 아니, 찾지 못했어.

Check-up Exercises

정답과 해설 11쪽

1 다음 빈칸에 알맞은 말을 써서 대화를 완성하시오. ▶ 242009-0088

(1) A: ________ he ________ a toy car?
B: Yes. He made a toy car.

(2) A: ________ you ________ my pencil?
B: No. I didn't use your pencil.

(3) A: ________ she ________ her homework?
B: Yes. She did her homework.

plus
- toy 장난감
- make 만들다
- use 사용하다

2 다음 질문에 대한 대답을 완성하시오. ▶ 242009-0089

(1) A: Did he say goodbye?
B: Yes, ________ ________.

(2) A: Did she pull the door?
B: No, ________ ________.

(3) A: Did they sit on the bench?
B: No, ________ ________.

(4) A: Did the mouse hide the cheese?
B: Yes, ________ ________.

동물을 대명사 주어로 나타낼 때, he 또는 she를 쓰기도 하지만 성별을 모르는 일반적인 경우에는 it을 써요.

- say goodbye 작별 인사를 하다
- pull 당기다
- bench 벤치
- hide 숨기다

Grammar Practice

[1-2] 다음 짝지어진 동사의 과거형 철자가 <u>틀린</u> 것을 고르시오.

1 ▶ 242009-0090

① cry - cryed ② like - liked ③ want - wanted
④ play - played ⑤ stop - stopped

2 ▶ 242009-0091

① go - went ② run - ran ③ sit - sitted
④ say - said ⑤ make - made

3 빈칸에 들어갈 말로 알맞은 것은? ▶ 242009-0092

He ________ dinner early yesterday.

① has ② have ③ haved
④ had ⑤ haded

4 밑줄 친 부분의 형태가 알맞지 <u>않은</u> 것은? ▶ 242009-0093

① Ann <u>read</u> a book yesterday.
② We <u>rided</u> our bikes at the park.
③ Henry <u>came</u> home late last night.
④ They <u>danced</u> together at the party.
⑤ The movie <u>started</u> ten minutes ago.

5 주어진 단어를 이용하여 대화의 빈칸에 알맞은 말을 쓰시오. ▶ 242009-0094

A: What did you buy yesterday?
B: I ____________(buy) this T-shirt.

⊕ plus

일반동사의 과거형 규칙 변화를 떠올려 보세요.
- cry 울다

일반동사의 과거형 불규칙 변화를 떠올려 보세요.
- sit 앉다
- say 말하다

have는 '가지다'의 의미 외에 '먹다, 마시다'의 의미로 사용되기도 해요.
- dinner 저녁 식사
- early 일찍

- together 함께
- minute (시간 단위) 분
- ago ~ 전에

did와 yesterday를 통해 시제를 파악할 수 있어요.

6 **다음 중 어법상 틀린 문장은?** ▶ 242009-0095

① He didn't like the movie.
② Irene didn't buy a new dress.
③ James didn't answer the phone.
④ I didn't went to school last week.
⑤ They didn't invite me to the party.

plus

- answer 대답하다
- phone 전화
- invite 초대하다

7 **빈칸에 들어갈 말이 바르게 짝지어진 것은?** ▶ 242009-0096

A: ________ you meet David?
B: Yes, I did. I ________ him at the bus stop.

① Did - met ② Did - meet ③ Did - meeted
④ Do - met ⑤ Do - meet

B의 대답을 통해 대화의 시제를 파악할 수 있어요.

서술형

8 **다음 문장을 의문문으로 바꿔 쓰시오.** ▶ 242009-0097

The train arrived on time.

→ ____________________

의문문으로 바꿔 쓸 때, 문장 맨 뒤에 물음표를 표기하는 것도 꼭 기억하세요.

- on time 정각에

9 **다음 문장을 부정문으로 바르게 바꾼 것은?** ▶ 242009-0098

She won the game.

① She don't win the game. ② She didn't win the game.
③ She didn't won the game. ④ She doesn't win the game.
⑤ She didn't winned the game.

- win 이기다

10 **그림과 일치하도록 주어진 단어를 이용하여 문장을 완성하시오.** ▶ 242009-0099

I ________ ________(clean) my room yesterday.

그림 속 방의 상태로 보아 어제 청소를 하지 않았음을 알 수 있어요.

- clean 청소하다

11 **빈칸에 알맞은 말을 써서 부정문으로 바꾸시오.** 242009-0100

> I did my homework last weekend.
> → I ________ ________ my homework last weekend.

plus

주어진 문장 속에 쓰인 did는 do(하다)의 과거형으로 쓰인 일반동사예요.

고난도

12 **부정문을 만들 때 빈칸에 들어갈 말이 나머지 넷과 다른 하나는?** 242009-0101

① Jenny ________ eat lunch yesterday.
② We ________ visit the museum last week.
③ Peter ________ play the guitar these days.
④ Susan ________ enjoy the concert last night.
⑤ He ________ understand the joke at that time.

- museum 박물관
- these days 요즘

13 **밑줄 친 부분 중 어법상 틀린 것은?** 242009-0102

> I ①went shopping with my mom yesterday. I ②saw a beautiful dress at the shopping mall. I ③wanted to get it, but my mom didn't ④let me buy it. So I ⑤feeled sad.

- go shopping 쇼핑하러 가다
- want 원하다
- let 허락하다
- feel 느끼다

14 **대화의 빈칸에 들어갈 말로 알맞은 것은?** 242009-0103

> A: Did she find the lost key?
> B: ______________ She found it under the bed.

① Yes, she did.
② Yes, she does.
③ Yes, she didn't.
④ No, she didn't.
⑤ No, she doesn't.

- lost 잃어버린
- under ~의 아래에

서술형

15 **주어진 단어를 배열하여 문장을 완성하시오.** 242009-0104

> solve / he / the / did / puzzle / ?

→ ________________________________

물음표가 있으므로 의문문 문장으로 만들어야 해요.

Write It Yourself

정답과 해설 12쪽

1 괄호 안의 동사를 이용하여 여자아이의 그림 일기를 완성하시오. ◎ 242009-0105

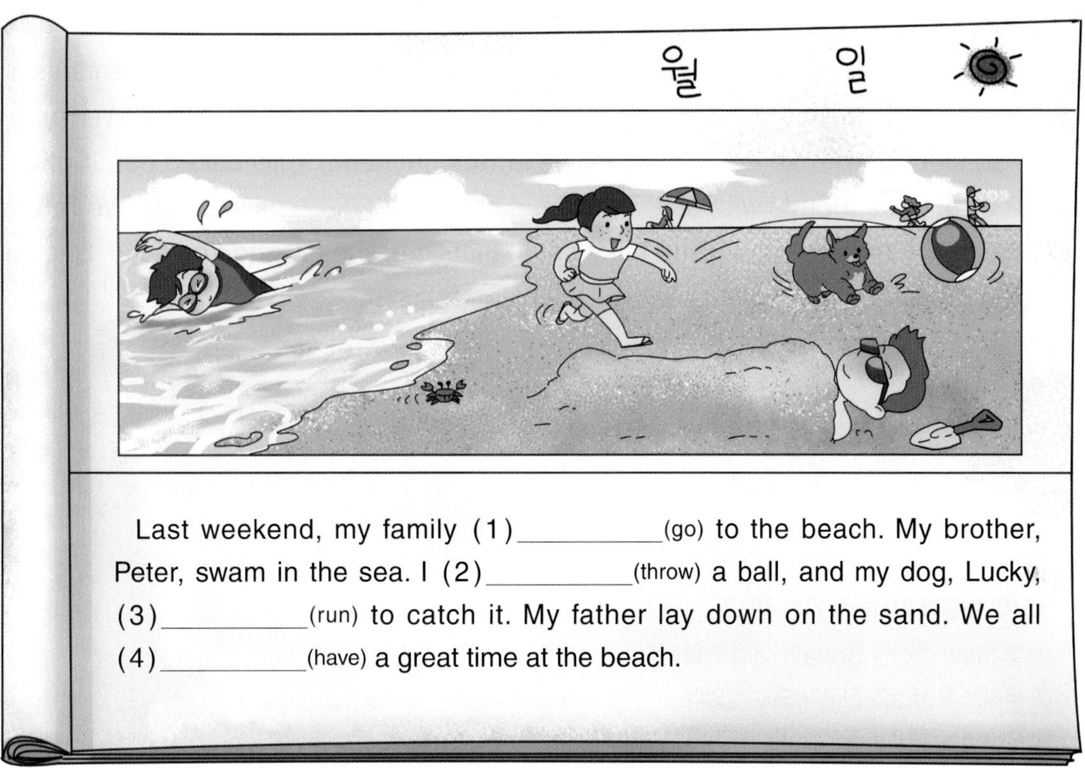

Last weekend, my family (1)__________(go) to the beach. My brother, Peter, swam in the sea. I (2)__________(throw) a ball, and my dog, Lucky, (3)__________(run) to catch it. My father lay down on the sand. We all (4)__________(have) a great time at the beach.

2 각 사람이 지난 여름방학에 한 일을 나타낸 표를 보고, 대화를 완성하시오. ◎ 242009-0106

	Yuna	Minjae	Jinhee
buy new shoes	O		
watch movies			O
read newspapers		O	
exercise every day		O	O

(1) A: Did Yuna watch movies during summer vacation?

B: No. She __________ __________ movies. She __________ new shoes.

(2) A: __________ Minjae __________ newspapers during summer vacation?

B: Yes, he did. Also, he __________ every day.

(3) A: Did Jinhee exercise every day during summer vacation?

B: __________, she __________. She __________ movies, too.

Read and Think

정답과 해설 13쪽

다음 글을 읽고, 물음에 답하시오.

Yesterday, Sofia, a new student from Bulgaria, **came** to our school. My classmates and I **wanted** to be friends with her, so we **tried** to talk to her. I **said**, “Hi, Sofia. Welcome to our school. Do you like Korea?” Then she **shook** her head. Yujin **asked** her, “Sofia, do you want to be friends with us?” This time, she ______________ again. We **felt** sad because we **thought** Sofia **didn't like** us. At that time, she **laughed** out loud. She **said** that in Bulgaria, shaking your head means ‘Yes’ and nodding your head means ‘No’.

*nod (고개를) 끄덕이다

1 윗글의 내용과 일치하지 <u>않는</u> 것은? ◎ 242009-0107

① 불가리아 출신인 Sofia가 어제 전학 왔다.
② 우리는 Sofia와 친구가 되고 싶었다.
③ Sofia는 한국을 좋아하냐는 질문에 고개를 저었다.
④ 우리는 Sofia가 우리를 좋아하지 않는 것 같아 슬펐다.
⑤ 불가리아에서는 고개를 젓는 것이 ‘아니’를 의미한다.

서술형

2 윗글의 빈칸에 들어갈 말을 주어진 조건에 맞게 쓰시오. ◎ 242009-0108

[조건 1] 과거시제를 사용할 것
[조건 2] 3단어로 쓸 것

→ This time, she ______________________ again.

plus

want 원하다 try to ~하려고 노력하다 talk 말하다 welcome 환영하다 shake (고개를 좌우로) 젓다, 흔들다 ask 묻다 again 다시, 또 feel 느끼다 think 생각하다 laugh 웃다 mean 의미하다

Unit 05

진행시제

이것만은 꼭!

현재 말하고 있는 특정 시점에 진행되는 동작이나 상황을 표현하고 싶다면 ______ 시제를, 과거의 특정 시점에 진행되고 있던 동작이나 상황을 표현하고 싶다면 ______ 시제를 사용한다.

미리 살펴보는 핵심구문

- I **am listening** to music.
- She **is not running** at the park.
- **Is** he **washing** the dishes?
- I **was taking** a nap.
- They **were not doing** their homework.
- **Was** she **talking** on the phone?

미리 풀어보는 미니 O/X 퀴즈

	O	X
「be동사 현재형+동사-ing」의 형태로 현재진행시제를 만든다.	☐	☐
「be동사 과거형+동사-ing」의 형태로 과거진행시제를 만든다.	☐	☐
「be동사+동사-ing」 뒤에 not을 써서 진행시제의 부정문을 만든다.	☐	☐
일반적으로 현재진행시제는 '~하고 있는 중이다', 과거진행시제는 '~하고 있던 중이었다'로 해석한다.	☐	☐
현재진행시제와 과거진행시제 모두 의문문에서 be동사가 문장 맨 앞에 온다.	☐	☐

이것만은 꼭! 정답 현재진행, 과거진행

미리 풀어보는 미니 O/X 퀴즈 정답 O, O, X, O, O

Grammar Point

1. 현재진행시제

I **am walking** my dog.

She **is riding** a bike.

현재진행시제는 현재 말하고 있는 특정 시점에 진행되는 동작이나 상황을 나타낼 때 사용하며, '(지금) ~하고 있다, ~하고 있는 중이다'로 해석합니다.

주어	현재진행형 형태
I	am + 동사-ing
You / We / They	are + 동사-ing
He / She / It	is + 동사-ing

대부분의 동사는 동사원형의 끝에 -ing를 붙여 동사-ing형을 만들지만, 아래 표의 내용과 같이 동사의 형태에 따라 다른 규칙을 적용하기도 합니다.

동사	형태	예시
-e로 끝나는 동사	e를 지우고 + ing	ride → rid**ing**
-ie로 끝나는 동사	ie → y + ing	lie → **lying**
「단모음(강세 있음) + 단자음」으로 끝나는 동사	자음을 한 번 더 쓰고 + ing	put → put**ting**

→ 주의: 마지막 음절에 강세가 없는 경우에는 → 동사원형 + ing / e.g. offer → offering, visit → visiting

He **is eating** a hamburger. 그는 햄버거를 먹고 있다.

They **are dancing** on the stage. 그들은 무대 위에서 춤을 추고 있다.

Check-up Exercises

정답과 해설 13쪽

1 다음 동사들의 -ing형을 쓰시오. ▶ 242009-0109

(1) cry - ________ (2) run - ________ (3) tie - ________

(4) wait - ________ (5) talk - ________ (6) work - ________

(7) write - ________ (8) study - ________ (9) meet - ________

plus

- tie (끈으로) 묶다
- wait 기다리다
- write 쓰다

2 주어진 단어를 이용하여 현재진행시제 문장을 완성하시오. ▶ 242009-0110

(1) I ______ ______(sing) a song. (2) She ______ ______(lie) on the grass.

(3) He ______ ______(cook) dinner. (4) We ______ ______(swim) in the pool.

현재진행시제를 만들 때는 be동사 현재형과 함께 써요.

- lie 눕다
- cook 요리하다

2. 현재진행시제의 부정문과 의문문

Are you singing a song?

No. I'm not singing a song. I'm reading a book.

현재진행시제의 부정문과 의문문을 만드는 규칙은 다음과 같습니다.

부정문	주어	be동사 현재형 (am / are / is)	not	동사-ing	나머지	.

의문문	be동사 현재형 (Am / Are / Is)	주어	동사-ing	나머지	?

부정문은 「주어+be동사 현재형(am/are/is)+not+동사-ing ~.」로 나타냅니다.

└ be동사 현재형과 not을 줄여서 축약형으로 사용 가능 (be동사 현재형 부정문과 동일)

I **am not playing** the piano. 나는 피아노를 치고 있지 않다.

He **is not[isn't] lying** on the bed. 그는 침대에 누워 있지 않다.

의문문은 「be동사 현재형(Am/Are/Is)+주어+동사-ing ~?」로 나타내며, 이때 의문문에 대한 대답은 「Yes, 주어+am/are/is.」 또는 「No, 주어+am not/aren't/isn't.」로 할 수 있습니다.

A: **Are** they **watching** TV now? 그들은 지금 TV를 보고 있니?

B: **Yes**, they **are**. 응, 보고 있어.

No, they **aren't**. 아니, 안 보고 있어.

Check-up Exercises

정답과 해설 13~14쪽

1 밑줄 친 부분을 어법에 맞도록 바르게 고쳐 쓰시오. 242009-0111

(1) It is raining not outside. → ________________

(2) They are not take pictures now. → ________________

(3) My dog not is digging a hole. → ________________

2 빈칸에 알맞은 말을 써서 의문문으로 바꾸시오. 242009-0112

(1) He is walking home. → ________ ________ ________ home?

(2) She is working hard. → ________ ________ ________ hard?

(3) They are cutting the paper. → ________ ________ ________ the paper?

(4) Tom and Mike are playing basketball.

→ ________ Tom and Mike ________ basketball?

plus

현재진행시제의 부정문을 만드는 어순을 잘 떠올려보며 문제를 풀어요.

- outside 밖에(서)
- dig 파다
- hole 구덩이, 구멍

- hard 열심히
- cut 자르다

3. 과거진행시제

We **were playing** chess. Dad **was cooking**. Mom **was watching** TV.

과거진행시제는 과거의 특정 시점에 진행되고 있던 동작이나 상황을 나타낼 때 사용하며, '(과거에) ~하고 있었다, ~하고 있던 중이었다'로 해석합니다. 과거진행시제 문장의 형태는 「주어 + be동사 과거형(was/were) + 동사-ing ~.」입니다.

주어	과거진행형 형태
I / He / She / It	was+동사-ing
You / We / They	were+동사-ing

I **was eating** breakfast at that time. 나는 그때 아침 식사를 하고 있었다.
He **was playing** tennis with his mom. 그는 그의 엄마와 테니스를 치고 있었다.
They **were drawing** pictures. 그들은 그림을 그리고 있었다.

Check-up Exercises

정답과 해설 14쪽

1 주어진 단어를 이용하여 과거진행시제 문장을 완성하시오. 242009-0113

(1) The dog ________ ________(bark) loudly.
(2) He ________ ________(fish) with his dad.
(3) They ________ ________(wait) for the bus.
(4) The children ________ ________(play) in the garden.

plus

과거진행시제가 되기 위해 필요한 동사의 형태를 잘 떠올려보세요.

- bark 짖다
- loudly 큰 소리로
- fish 낚시하다
- wait 기다리다
- children 어린이들

2 밑줄 친 부분을 과거진행형 형태에 맞게 고쳐 쓰시오. 242009-0114

(1) He was helps his mom. → ____________
(2) Jane was play the violin. → ____________
(3) I were surfing the Internet. → ____________
(4) They are paint the wall at that time. → ____________

- help 돕다
- surf (인터넷을) 검색하다
- paint 칠하다
- at that time 그때

4. 과거진행시제의 부정문과 의문문

No, I wasn't. I was reading a book.

Were you sleeping at 10 last night?

과거진행시제의 부정문과 의문문을 만드는 규칙은 다음과 같습니다.

부정문	주어	be동사 과거형 (was / were)	not	동사-ing	나머지	.

의문문	be동사 과거형 (Was / Were)	주어	동사-ing	나머지	?

부정문은 「주어 + be동사 과거형(was / were) + not + 동사-ing ~.」로 나타냅니다.

↳ be동사 과거형과 not을 줄여서 축약형으로 사용 가능 (be동사 과거형 부정문과 동일)

I **was not [wasn't] playing** games. 나는 게임을 하고 있지 않았다.

They **were not [weren't] talking**. 그들은 대화하고 있지 않았다.

의문문은 「be동사 과거형(Was / Were) + 주어 + 동사-ing ~?」로 나타내며, 이때 의문문에 대한 대답은 「Yes, 주어 + was / were.」 또는 「No, 주어 + wasn't / weren't.」로 나타냅니다.

A: **Was** he **drinking** milk? 그는 우유를 마시고 있었니?

B: Yes, he **was**. 응, 마시고 있었어.

No, he **wasn't**. 아니, 마시고 있지 않았어.

Check-up Exercises

정답과 해설 14쪽

1 빈칸에 알맞은 말을 써서 부정문으로 바꾸시오. (필요한 경우 축약형으로 쓸 것) ▶ 242009-0115

(1) It was snowing heavily. → It ________ ________ snowing heavily.

(2) She was watering the plants. → She ________ watering the plants.

(3) We were going shopping. → We ________ ________ going shopping.

(4) They were looking at me. → They ________ looking at me.

2 빈칸에 알맞은 말을 써서 의문문으로 바꾸시오. ▶ 242009-0116

(1) She was writing a letter. → ________ ________ ________ a letter?

(2) He was watching a movie. → ________ ________ ________ a movie?

(3) They were riding their bikes. → ________ ________ ________ their bikes?

(4) Kevin and Sue were dancing. → ________ Kevin and Sue ________?

plus

water는 '물'이라는 뜻 외에, '물을 주다'라는 동사의 뜻으로도 사용해요.

- heavily 심하게, 아주 많이
- plant 식물

- letter 편지
- ride 타다

Grammar Practice

1 동사의 -ing형을 만드는 규칙이 잘못 적용된 것은? ▶ 242009-0117

① eat → eatting ② die → dying ③ cook → cooking
④ stop → stopping ⑤ study → studying

plus

2 빈칸에 들어갈 동사의 형태로 알맞은 것은? ▶ 242009-0118

문장에 쓰인 now를 보고, 어떤 시제가 적절할지 생각해요.

It ________(rain) now.

① rain ② rained ③ raining
④ is raining ⑤ was raining

3 주어진 동사를 이용하여 대화의 빈칸을 완성하시오. ▶ 242009-0119

질문과 동일한 시제로 답해요.

A: What are you doing?
B: I ________ ________(run) in the park.

4 다음을 현재진행시제로 만들 때, 빈칸에 들어갈 말이 나머지와 다른 하나는? ▶ 242009-0120

• plant (나무, 꽃 등을) 심다
• sleep 자다

① He ________ riding a bike.
② We ________ planting flowers.
③ Kevin ________ singing a song.
④ My cat ________ sleeping on the sofa.
⑤ The baby ________ crying in the room.

서술형

5 다음 문장을 현재진행시제로 바꿔 쓰시오. ▶ 242009-0121

They hike in the mountain.

→ ________________________________

6 다음 중 어법상 틀린 문장은? ▶ 242009-0122

① I am drinking milk. ② It is getting dark outside.
③ He is using his computer. ④ We are enjoying our vacation.
⑤ Sue and David painting the wall.

plus

- dark 어두운
- outside 밖에
- use 사용하다
- enjoy 즐기다
- wall 벽

7 다음 문장을 부정문으로 바르게 바꾼 것은? ▶ 242009-0123

I am texting my friend.

① I don't text my friend. ② I didn't text my friend.
③ I am not text my friend. ④ I am not texting my friend.
⑤ I am texting not my friend.

- text 문자 메시지를 보내다

8 대화의 빈칸에 들어갈 말로 알맞은 것은? ▶ 242009-0124

A: Is he wearing a blue shirt?
B: ____________ He is wearing a white shirt.

① Yes, he is. ② Yes, he does. ③ No, he isn't.
④ No, he doesn't. ⑤ No, he does.

흰색 셔츠를 입고 있다는 대답을 근거로 답을 찾을 수 있어요.

고난도

9 대화의 빈칸에 들어갈 말이 바르게 짝지어진 것은? ▶ 242009-0125

A: ________ you finish your homework?
B: No, I didn't. I'm still ________(do) it.

① Do - do ② Do - doing ③ Are - doing
④ Did - do ⑤ Did - doing

빈칸을 포함한 두 문장의 시제가 다르다는 것에 주의하세요.

- still 여전히

서술형

10 다음 문장을 과거진행시제로 바꿔 쓰시오. ▶ 242009-0126

He watched a movie.

→ ________________________________

동사의 형태를 바꾸면 시제를 바꿔 쓸 수 있답니다.

11 그림을 보고, 대화를 완성하시오. ⊙ 242009-0127

A: What were you doing at that time?
B: I __________ __________ in the pool.

⊕ plus
- pool 수영장

12 다음 문장을 의문문으로 바르게 바꾼 것은? ⊙ 242009-0128

She was writing a letter.

① Did she write a letter?
② Is she writing a letter?
③ Does she write a letter?
④ Was she writing a letter?
⑤ Were she writing a letter?

- write 쓰다
- letter 편지

13 주어진 단어를 이용하여 대화의 빈칸을 완성하시오. ⊙ 242009-0129

A: Were you sleeping at 9 p.m.?
B: No, I wasn't. I ________ ________(take) a shower then.

- take a shower 샤워하다
- then 그때

14 다음 문장을 부정문으로 바꿀 때 not이 들어갈 위치로 알맞은 곳은? ⊙ 242009-0130

The birds ① were ② singing ③ in ④ the ⑤ trees.

서술형
15 우리말과 같은 뜻이 되도록 주어진 말을 이용하여 문장을 쓰시오. ⊙ 242009-0131

나는 그 버스를 기다리는 중이었다. (wait for)

→ ______________________________

주어진 우리말의 의미를 통해 과거진행시제로 써야 함을 알 수 있어요.

Write It Yourself

1 그림을 보고, 주어진 동사를 이용하여 현재 교실에서 일어나고 있는 일을 묘사하는 문장을 완성하시오. ◐ 242009-0132

(1) David __________ __________ an apple. (eat)

(2) Olivia __________ __________ with Luke. (talk)

(3) Sophia __________ __________ paper airplanes. (fly)

(4) Aria and Thomas __________ __________ the classroom. (clean)

2 민지의 가족이 어젯밤 각 시간대에 하던 일을 나타낸 표를 보고, 문장을 완성하시오. ◐ 242009-0133

	Dad	Mom	Minji
7 p.m.	wash the dishes	watch TV	play games
8 p.m.	run in the park	talk on the phone	do homework
9 p.m.	take a shower	read the newspaper	lie on the bed

(1) A: Was Minji __________ __________ at 7 p.m.?
B: Yes, she was.

(2) A: What was Minji's Dad doing at 8 p.m.?
B: He __________ __________ in the park.

(3) A: Was Minji's Mom watching TV at 9 p.m.?
B: No. She __________ __________ TV at that time.
She __________ __________ the newspaper.

Read and Think

정답과 해설 16쪽

다음 글을 읽고, 물음에 답하시오.

Do you listen to music while you **are studying**? Do you use your smartphone while you **are watching** TV? Or do you text your friends while you **are eating**? These days, many people don't focus on one thing at a time. They **are doing** many things at the same time. If you are like this, it would be good to change. This is not a good habit. While you **are doing** many things together, 당신의 뇌는 스트레스를 받고 있습니다. Also, you will make many mistakes because you **are not concentrating** on only one thing.

*concentrate on ~에 집중하다

1 **윗글의 밑줄 친 This가 가리키는 것으로 알맞은 것은?** 242009-0134

① TV를 보는 것
② 음악을 듣는 것
③ 스마트폰을 사용하는 것
④ 문자 메시지를 보내는 것
⑤ 동시에 여러 가지 일을 하는 것

서술형

2 **윗글의 밑줄 친 우리말 뜻에 알맞게 영작하시오.** 242009-0135

[조건 1] 현재진행시제를 사용할 것
[조건 2] brain, get stressed를 활용하여 5단어로 쓸 것

→ ______________________________.

plus

listen 듣다 while ~하는 동안 use 사용하다 watch 보다 these days 요즘 many 많은 focus on ~에 집중하다 thing 것, 일 at a time 한 번에 at the same time 동시에 if 만약 ~라면 like ~와 같은 habit 습관 together 함께 mistake 실수 because 왜냐하면

Unit 06

조동사

이것만은 꼭!

be동사나 일반동사 앞에 나와 동사의 의미를 더해주는 역할을 하는 것을 [ ] 라고 하고, [ ] 뒤에는 동사의 [ ] 만 나올 수 있다.

미리 살펴보는 핵심구문

- I **can** ride a bike.
- **Can** I use your phone?
- **Can** you answer the door?

- She **will** like it.
- I **will** do my best.
- **Will** you give me a hand?

- We **should** take a bus.
- You **should** see a dentist.

- You **must** fasten your seat belt.
- You **must not** swim here.

미리 풀어보는 미니 O/X 퀴즈

	O	X
조동사 뒤에도 3인칭 단수형이 올 수 있다.	☐	☐
조동사를 사용한 문장은 조동사 뒤에 not을 써서 부정문을 만든다.	☐	☐
조동사 can은 '능력, 허락, 부탁'의 의미로 사용할 수 있다.	☐	☐
조동사 can과 will 모두 부탁할 때 사용할 수 있다.	☐	☐
조동사 should를 사용하여 '당부, 충고' 등을 표현하고, '~하는 것이 좋겠다'라고 해석한다.	☐	☐
조동사 must 뒤에 not을 써서 '강한 금지'를 표현하고, '~하면 안 된다'라고 해석한다.	☐	☐

이것만은 꼭! 정답 조동사, 조동사, 원형

미리 풀어보는 미니 O/X 퀴즈 정답 X, O, O, O, O, O

Grammar Point

1. 조동사 can

Can you close the window?
I can solve it.
Can I go to the restroom?

조동사는 be동사나 일반동사 앞에 쓰여 동사의 의미를 더해주는 역할을 하며, 조동사 뒤에는 동사의 원형만 쓸 수 있습니다. 다양한 조동사 중 can은 문맥에 따라 '능력(~할 수 있다), 허락(~해도 되나요?), 부탁(~해줄 수 있나요?)' 등의 다양한 의미를 더해줄 수 있습니다.

[능력]	I **can** speak Spanish.	나는 스페인어를 말할 수 있다.
[허락]	**Can** I use your phone?	제가 당신의 전화기를 사용해도 될까요?
[부탁]	**Can** you help me, please?	당신은 나를 도와줄 수 있나요?

문장에 조동사 can이 사용되는 경우, 부정문, 의문문의 형태는 다음과 같으며, 의문문에 대한 대답은 「Yes, 주어+can.」 또는 「No, 주어+can't.」로 나타냅니다.

부정문	주어	can't [can not]	동사원형	나머지	.

의문문	Can	주어	동사원형	나머지	?

plus be able to는 can과 마찬가지로 '~할 수 있다'는 의미를 갖는 표현입니다.

Check-up Exercises

정답과 해설 16쪽

1 우리말과 같은 뜻이 되도록 can과 주어진 동사를 이용하여 문장을 완성하시오. 242009-0136

(1) 제가 일찍 떠나도 될까요? (leave) → ________ I ________ early?

(2) 나는 프랑스어를 이해할 수 있다. (understand) → I ________ ________ French.

(3) 당신은 여기에 당신의 차를 주차할 수 없어요. (park)

→ You ________ ________ your car here.

plus

- leave 떠나다
- understand 이해하다
- park 주차하다

2 다음 문장에서 어법상 틀린 부분을 찾아 바르게 고쳐 쓰시오. (단, 문장의 의미는 유지함) 242009-0137

(1) She cans drive a car. ________ → ________

(2) Can you passes me the salt? ________ → ________

(3) He can cooked delicious meals. ________ → ________

주어가 3인칭 단수일지라도 조동사 can에 -s나 -es를 붙이지 않아요.

- drive 운전하다
- pass 건네주다
- meal 식사

2. 조동사 will

I **will** travel to different countries.

I **will not** eat junk food anymore.

Will you help me?

조동사 will은 '미래의 동작(~할/일 것이다), 주어의 의지(~할 것이다), 부탁(~해줄래요?)'의 의미를 더해줍니다.

[미래의 동작] He **will [He'll]** go to the library tomorrow. 그는 내일 도서관에 갈 것이다.
[주어의 의지] I **will [I'll]** do better next time. 나는 다음에 더 잘 할 것이다.
[부탁] **Will** you open the door, please? 문을 좀 열어줄래요?

문장에 조동사 will이 사용되는 경우, 부정문, 의문문의 형태는 다음과 같으며, 의문문에 대한 대답은 「Yes, 주어+will.」 또는 「No, 주어+won't.」로 나타냅니다.

부정문	주어	won't [will not]	동사원형	나머지	.
의문문	Will	주어	동사원형	나머지	?

plus be going to는 will과 달리 '계획되고 예정된 미래'를 나타냅니다. 구체적으로 일정을 잡아둔 미래의 동작이 있다면 will보다는 be going to를 쓰는 것이 더 적절합니다.
I **am going to** visit Busan this Saturday. 나는 이번 토요일에 부산을 방문할 것이다.

Check-up Exercises

정답과 해설 16쪽

1 우리말 뜻과 일치하도록 빈칸에 알맞은 말을 쓰시오. 242009-0138

(1) 이번 주말에 비가 올까?
→ ________ it rain this weekend?

(2) 나는 언젠가 그 가게에 갈 것이다.
→ I ________ go to the store someday.

(3) 그들은 내일 너를 방문하지 않을 것이다.
→ They ________ ________ visit you tomorrow.

plus
- weekend 주말
- someday 언젠가
- visit 방문하다

2 밑줄 친 부분을 바르게 고쳐 쓰시오. 242009-0139

(1) We willn't travel to Europe. → ________
(2) She will moves to a new city. → ________
(3) Will you helping me with my homework? → ________

- travel 여행하다
- move 이사하다
- city 도시

3. 조동사 should

I **should** go home now.

You **should** get some rest.

조동사 should는 '당부, 충고 · 조언(~하는 것이 좋겠다, ~해야 한다)'을 할 때 씁니다. 주어가 1인칭일 경우에는 스스로에 대한 당부를 의미하며, 그 외에는 보통 충고나 조언을 나타냅니다.

[당부] We **should** get up early tomorrow. 우리는 내일 일찍 일어나야겠어.

[충고 · 조언] You **should** see a doctor. 너는 의사에게 진찰받는 것이 좋겠어.

문장에 조동사 should가 사용되는 경우, 부정문, 의문문의 형태는 다음과 같습니다.

부정문	주어	shouldn't [should not]	동사원형	나머지	.

의문문	Should	주어	동사원형	나머지	?

Check-up Exercises

정답과 해설 16쪽

1 각 고민에 알맞은 조언을 연결하시오. 242009-0140

(1) I have a cold. •

(2) I'm often late for school. •

(3) I lied to her. •

• a. You should get up early in the morning.

• b. You should apologize to her.

• c. You should take some medicine.

plus

- have a cold 감기에 걸리다
- be late for ~에 늦다, 지각하다
- apologize to ~에게 사과하다
- medicine 약

2 우리말과 같은 뜻이 되도록 should를 이용하여 빈칸에 알맞은 말을 쓰시오. 242009-0141

(1) 너는 아침 식사를 건너뛰면 안 돼. → You ________ skip breakfast.

(2) 너는 충분히 잠을 자는 게 좋겠어. → You ________ get enough sleep.

(3) 우리는 선생님 말씀을 주의 깊게 들어야 해.

→ We ________ listen carefully to our teacher.

(4) 제가 불을 꺼야 하나요? → ________ I turn off the lights?

- skip 건너뛰다
- enough 충분한
- carefully 주의 깊게
- turn off 끄다

4. 조동사 must

You **must** wear your helmet.

You **must not** enter.

조동사 must는 '강한 의무(~해야만 한다)'를 나타내며, 규칙 · 규범 · 도덕적인 기준에 의해 반드시 해야 할 행동을 표현합니다. 또한, must 뒤에 not을 붙여, '강한 금지(~하면 안 된다)'의 의미로도 사용합니다.

[강한 의무] You **must** follow these rules. 당신은 이 규칙들을 따라야만 한다.

[강한 금지] You **must not** drink and drive. 당신은 절대 음주운전을 하면 안 된다.

문장에 조동사 must가 사용되는 경우, 부정문, 의문문의 형태는 다음과 같으며, 의문문에 대한 대답은 「Yes, 주어+must.」 또는 「No, 주어+must not.(금지) / No, 주어+don't/doesn't have to.(불필요)」로 나타냅니다.

부정문	주어	must not	동사원형	나머지	.

의문문	Must	주어	동사원형	나머지	?

plus have/has to도 must와 비슷하게 '의무(~해야 한다)'를 나타내지만, 부정문으로 썼을 때는 의미가 달라집니다. must not이 '강한 금지(~해서는 안 된다)'를 뜻하지만, don't/doesn't have to는 '불필요(~할 필요가 없다)'를 의미합니다.

You **must not** enter the building. 당신은 그 건물에 들어가서는 안 된다.

You **don't have to** enter the building. 당신은 그 건물에 들어갈 필요가 없다.

Check-up Exercises

정답과 해설 17쪽

1 밑줄 친 부분을 바르게 고쳐 쓰시오. ▶ 242009-0142

(1) Students must <u>follows</u> the rules. → ________

(2) She <u>musts</u> say sorry for being late. → ________

(3) You must <u>wearing</u> a seat belt in the car. → ________

plus

- follow 따르다
- rule 규칙
- seat belt 안전벨트

2 우리말과 같은 뜻이 되도록 괄호 안에서 알맞은 것을 고르시오. ▶ 242009-0143

(1) 우리는 그것을 끝내기 위해 함께 작업해야 한다.

→ We (can / must) work together to finish it.

(2) 너는 친구들에게 정직해야 한다.

→ You must (be / are) honest with your friends.

(3) 그는 그의 차례를 기다려야 한다.

→ He (will / must) wait for his turn.

be동사(am, are, is)의 원형은 be예요.

- work 작업하다
- honest 정직한
- wait 기다리다
- turn 차례, 순서

Grammar Practice

1 밑줄 친 부분과 바꿔 쓸 수 있는 것은? ▶ 242009-0144

Can you tell me the way to the post office?

① Am ② May ③ Will
④ Should ⑤ Must

plus
can이 '부탁'의 의미로 사용된 문장이에요.
· way 길
· post office 우체국

2 빈칸에 들어갈 동사의 형태로 알맞은 것은? ▶ 242009-0145

Can I ________ to the restroom?

① go ② goes ③ went
④ gone ⑤ going

· restroom 화장실

3 밑줄 친 부분 중 어법상 틀린 것은? ▶ 242009-0146

① I can't help you now.
② Can I borrow your pen?
③ We cannot speak Chinese.
④ You can solve this problem.
⑤ My sister cans play the piano.

· borrow 빌리다
· solve (문제를) 풀다

4 다음 중 밑줄 친 can의 의미가 나머지 넷과 다른 것은? ▶ 242009-0147

① She can swim well.
② Can I use your phone?
③ Can you hear me clearly?
④ Chris cannot eat spicy food.
⑤ My dog can learn new skills.

· spicy 매운
· clearly 또렷하게
· learn 배우다
· skill 기술

5 대화의 빈칸에 들어갈 알맞은 말을 한 단어로 쓰시오. ▶ 242009-0148

A: What will you do this weekend?
B: I think I ________ have my hair cut.

· have one's hair cut 머리카락을 자르다

고난도

6 다음을 미래시제로 만들 때, 빈칸에 들어갈 말이 나머지 넷과 다른 것? ▶ 242009-0149

① Emily ________ join us for dinner.
② It ________ be rainy this Saturday.
③ I ________ play baseball tomorrow.
④ My little brother ________ pass the test.
⑤ They ________ going to move to Incheon this month.

plus

• move to ~로 이사하다

7 대화의 빈칸에 들어갈 말로 알맞은 것은? ▶ 242009-0150

A: Will you come to the party?
B: No, I ________. I will stay at home.

① will ② won't ③ want
④ can ⑤ am not

• stay 머무르다

8 다음 문장을 미래시제 의문문으로 바르게 바꾼 것은? ▶ 242009-0151

She travels to Seoul.

① Is she travel to Seoul? ② Did she travel to Seoul?
③ Does she travel to Seoul? ④ Will she travels to Seoul?
⑤ Will she travel to Seoul?

서술형

9 우리말과 같은 뜻이 되도록 주어진 말을 이용하여 문장을 쓰시오. ▶ 242009-0152

그는 학교에 늦지 않을 것이다. (will, late for)

→ ____

will의 부정형을 사용하여 문장을 완성할 수 있어요.

10 우리말과 같은 뜻이 되도록 대화의 빈칸에 알맞은 말을 쓰시오. ▶ 242009-0153

A: I don't feel well today.
B: You ________ get some rest. (너는 휴식을 좀 취하는 것이 좋겠어.)

조언을 할 때 쓸 수 있는 조동사를 생각해 보세요.

11 **다음 문장을 부정문으로 바꿀 때 not이 들어갈 위치로 알맞은 곳은?** ⊙ 242009-0154

You ① should ② go ③ to ④ bed ⑤ early.

12 **빈칸에 공통으로 들어갈 말로 알맞은 것은?** ⊙ 242009-0155

• You ________ tell the truth.
• He ________ take a break.

① is ② are ③ do
④ does ⑤ should

13 **그림과 일치하도록 강한 금지를 나타내는 조동사를 이용하여 대화를 완성하시오.** ⊙ 242009-0156

A: You ________ ________ take pictures here.
B: Oh, I'm sorry. I didn't know that.

14 **대화의 빈칸에 들어갈 말로 알맞은 것은?** ⊙ 242009-0157

A: Must I wear a school uniform?
B: No. You ________ wear it.

① don't ② didn't ③ aren't
④ weren't ⑤ don't have to

15 **다음 문장에서 어법상 틀린 부분을 찾아 바르게 고쳐 쓰시오.** ⊙ 242009-0158

Everyone must follows the safety rules.

________________ → ________________

plus

• truth 진실, 사실
• take a break 휴식을 취하다

'사진 촬영을 절대 하면 안 된다'는 것을 말할 때 필요한 조동사를 생각해 보세요.

'교복을 입을 필요가 없다'는 의미의 대답을 해야 해요.

• wear 입다

• follow 따르다
• safety 안전
• rule 규칙

Write It Yourself

정답과 해설 18쪽

1 그림을 보고, must와 주어진 동사를 이용하여 각 상황에서 할 수 있는 말을 완성하시오. ◎ 242009-0159

(1) You _________ _________ _________ the birds. (feed)

(2) You _________ _________ trash in the bin. (put)

(3) Bicycles _________ _________ here. (stop)

(4) You _________ _________ _________ the flowers. (pick)

2 can과 will을 이용하여 자연스러운 대화를 완성하시오. ◎ 242009-0160

(1)

_________ I ask you a favor?

Sure. What is it?

(2)

Can you help me with my homework this weekend?

I'm sorry, but I _________. I have plans.

(3)

What _________ you do this weekend?

I _________ visit my uncle.

Read and Think

정답과 해설 18쪽

다음 글을 읽고, 물음에 답하시오.

Have you experienced an earthquake? What **should** you do when an earthquake happens? These are safety rules. First, you **must** protect your head and take cover under a table. Second, you **must** stay away from windows. Windows **can** break, and it **will** hurt you. Third, you **must not** use the elevator. Instead, you **should** use the stairs. Fourth, if you are outdoors, you **must** move to an open area. 당신은 이 규칙들을 따라야 합니다. These tips **can** help you to be safe during an earthquake.

*earthquake 지진

1 **윗글에서 지진 발생 시 따라야 할 규칙으로 언급하지 않은 것은?** ▶ 242009-0161

① 머리를 보호하고 탁자 아래에 숨기
② 창문으로부터 멀리 떨어져 있기
③ 화장실 욕조에 물 받아 놓기
④ 엘리베이터 사용하지 않기
⑤ 야외에서 개방된 장소로 가기

서술형

2 **윗글의 밑줄 친 우리말 뜻에 알맞게 문장을 완성하시오.** ▶ 242009-0162

[조건 1] 조동사 should를 사용할 것
[조건 2] follow, these rules를 포함하여 5단어로 쓸 것

→ ________________________________

plus

experience 경험하다 happen 발생하다, 일어나다 safety 안전 rule 규칙 protect 보호하다 take cover 숨다 stay away from ~으로부터 멀리 떨어지다 break 깨지다 hurt 다치게 하다 elevator 엘리베이터 instead 대신에 stair 계단 outdoors 야외에서 area 구역, 장소 safe 안전한 during ~ 동안

Review Test 1

이것만은 자신 있게!

아래 우리말을 영작하시오.

1 우리는 교실 안에 있지 않아. ______________________

2 그는 매일 일찍 잠자리에 들어. ______________________

3 너는 어제 바빴니? ______________________

4 Henry는 의자 위에 앉았다. ______________________

5 그녀는 자전거를 타고 있다. ______________________

6 나는 피아노를 연주할 수 있다. ______________________

미리 점검해 보는 미니 테스트

각 문장이 어법상 옳으면 R에, 틀리면 W에 ✓표시하시오.

	R	W
1 Is he a middle school student?	☐	☐
2 Cindy doesn't likes milk.	☐	☐
3 They was at home yesterday.	☐	☐
4 I met Jina at the library.	☐	☐
5 Is Danny and Kevin watching TV now?	☐	☐
6 He will goes for a walk tomorrow morning.	☐	☐

이것만은 자신 있게! 정답 1 We aren't[We're not/We are not] in the classroom. 2 He goes to bed early every day. 3 Were you busy yesterday? 4 Henry sat on the chair. 5 She's[She is] riding a bike. 6 I can play the piano.

미리 점검해 보는 미니 테스트 정답 1 R 2 W 3 W 4 R 5 W 6 W

1 ◘ 242009-0163

빈칸에 공통으로 들어갈 말로 알맞은 것은?

Sarah ________ my cousin. She ________ eating a sandwich now.

① am ② is ③ are
④ was ⑤ were

2 ☆ 중요 ◘ 242009-0164

빈칸에 들어갈 말로 알맞지 않은 것은?

My best friend, Peter, is ____________.

① active ② run fast
③ in England ④ from Singapore
⑤ a famous rapper

3 ◘ 242009-0165

밑줄 친 ①~⑤ 중 어법상 틀린 것은?

A: ①Were you busy this morning?
B: No, I ②wasn't. I ③was relaxing at home.
A: What about now? Are you busy?
B: Actually, I ④am. I ⑤was busy with my math homework.

[4-5] 우리말과 같은 뜻이 되도록 문장을 완성하시오.

4 ◘ 242009-0166

Cindy의 학급 친구들은 지금 그들의 교실에 있지 않다.

→ Cindy's classmates ________ ________ in their classroom now.

5 ◘ 242009-0167

나의 삼촌은 그의 가족과 함께 살지 않는다.

→ My uncle ________ ________ with his family.

6 ◘ 242009-0168

다음 글의 글쓴이에 대해 알 수 없는 것은?

Hi. My name is Michael. I live in Sydney. I go to Sunrise Middle School. I usually play baseball with my friends in my free time. I want to be a baseball player in the future.

① 이름 ② 사는 곳 ③ 나이
④ 취미 ⑤ 장래 희망

7 ☆ 중요 ◘ 242009-0169

대화의 빈칸에 들어갈 말로 알맞은 것은?

A: Were you and your brother at home in the morning?
B: No, ____________.

① I wasn't ② you were ③ you weren't
④ we were ⑤ we weren't

8 ◘ 242009-0170

다음 중 어법상 틀린 문장은?

① Do you have a bike?
② Do they speak Spanish?
③ Do your parents love pets?
④ Does Sam work at this mall?
⑤ Does your sister learns taekwondo?

9 ◘ 242009-0171

다음 두 문장의 빈칸에 알맞은 말을 써서 부정문으로 만드시오.

(1) Anna was in her office.
→ Anna ____________ ____________ in her office.

(2) We won the game.
→ We ____________ ____________ the game.

[10-11] 빈칸에 들어갈 말로 알맞지 않은 것을 고르시오.

10 ◘ 242009-0172

__________ was not interested in the new project.

① I ② You ③ Kevin
④ The girl ⑤ Bob's mom

11 ◘ 242009-0173

__________ always washes her hands before meals.

① She ② The girl ③ The women
④ My sister ⑤ His daughter

12 ◘ 242009-0174

대화의 빈칸에 들어갈 말이 순서대로 바르게 짝지어진 것은?

A: ________ Somi and her sister in the park?
B: No, they ________.
A: Then where are they now?
B: Somi ________ at home, and her sister is at the library.

① Is - are - are ② Is - aren't - is
③ Are - are - is ④ Are - aren't - is
⑤ Are - aren't - are

[13-14] 우리말과 같은 뜻이 되도록 괄호 안에 주어진 어구를 알맞게 배열하여 문장을 완성하시오.

13 서술형 ◘ 242009-0175

너는 컴퓨터실에 있었니?
(in / you / computer lab / were / the)
____?

14 서술형 ◘ 242009-0176

내가 그녀에게 미안하다고 말해야 하니?
(to her / say / I / should / sorry)
____?

15 ◘ 242009-0177

두 단어의 관계가 〈보기〉와 다른 것은?

보기
do - did

① eat - ate ② have - has
③ make - made ④ begin - began
⑤ work - worked

16 고난도 ◘ 242009-0178

주어진 단어를 문맥에 알맞은 형태로 바꿔 쓰시오.

I went to the grocery store today. I ________ (find) fresh fruits. So I ________(buy) some apples and oranges. I ________(don't) buy strawberries because they were too expensive.

17 서술형 ◘ 242009-0179

주어진 단어를 이용하여 그림 속 남자아이의 행동을 묘사하는 문장을 완성하시오.

(make)

He __________ __________ a snowman now.

18 ◘ 242009-0180

밑줄 친 can의 의미가 나머지와 다른 것은?

① Can I sit here?
② They can run fast.
③ I can play the guitar.
④ Can you speak Spanish?
⑤ Sam can make spaghetti.

19 ◘ 242009-0181

다음 문장을 부정문으로 바꿀 때 not이 들어갈 위치로 알맞은 곳은?

The kids ① were ② playing ③ basketball ④ at that ⑤ time.

20 ◘ 242009-0182

대화의 빈칸에 알맞은 말을 쓰시오.

A: Is your brother talking on the phone?
B: No, ________ ________. He is sleeping in his room now.

[21-22] 다음 글을 읽고, 물음에 답하시오.

Yuri wakes up late on Sundays. She usually eats toast for breakfast and walks her puppy. After lunch, she goes to the library and ⓐ________(study) math and science. In the evening, she ⓑ________(watch) movies or plays chess with her family.

21 ◘ 242009-0183

윗글에서 유리가 일요일에 하는 일로 언급한 내용이 아닌 것은?

① 늦게 잠에서 깬다.
② 보통 아침으로 토스트를 먹는다.
③ 강아지를 산책시킨다.
④ 점심 식사 후에 도서관에 간다.
⑤ 저녁때는 친구들과 체스 게임을 한다.

22 중요 ◘ 242009-0184

빈칸 ⓐ와 ⓑ에 주어진 단어를 알맞은 형태로 바꿔 쓰시오.

ⓐ________________ ⓑ________________

23

◎ 242009-0185

어법상 틀린 부분을 찾아 바르게 고쳐 쓰시오.

Did your son lost his wallet yesterday?

__________ → __________

24

◎ 242009-0186

두 문장의 의미가 같도록 빈칸에 알맞은 말을 쓰시오.

He must finish his homework by tomorrow.
= He __________ __________ finish his homework by tomorrow.

25 서술형

◎ 242009-0187

Judy의 계획을 참고하여 〈조건〉에 맞게 문장을 완성하시오.

Judy's Plans for Today
- Morning: get a haircut
- Afternoon: visit her grandma

조건

be going to 구문을 이용할 것

(1) Judy ______________________________ in the morning.

(2) Judy ______________________________ in the afternoon.

26

◎ 242009-0188

대화의 빈칸에 들어갈 말로 알맞은 것은?

A: Will you go to the bookstore after school today?

B: No, I ________. I should go home and take care of my little brother.

① am ② will ③ don't
④ didn't ⑤ won't

27 ☆ 중요

◎ 242009-0189

다음 각 과거시제 문장에서 밑줄 친 동사의 형태가 틀린 것은?

① He tried his best.
② We worked really hard.
③ Suddenly, the music stoped.
④ The little boys danced together.
⑤ The dog hopped on the ground.

28 서술형

◎ 242009-0190

주어진 단어를 활용하여 대화를 완성하시오.

A: Were you doing your homework at 3 p.m.?

B: No, I wasn't. I ________ ________(take) a nap at that time.

29 고난도 ▶ 242009-0191

밑줄 친 동사를 어법에 맞게 고쳐 쓰시오.

Today, Brian (1) get up at 7:00 in the morning. He cleaned his room and (2) do his homework. After lunch, he (3) go shopping with his mom. In the evening, he read his favorite novel.

(1) get → __________
(2) do → __________
(3) go → __________

[30-31] 다음 글을 읽고, 물음에 답하시오.

Jason is my twin brother. He and I don't ⓐ have many things in common. First, we don't look like each other. He is tall but I'm not. Plus, he ⓑ likes spicy food, but I can't ⓒ eat any spicy food. He can ⓓ speaks English, Spanish, and Korean. I only speak English. Oh, we do have one thing in common. We both ⓔ love puppies.

30 중요 ▶ 242009-0192

밑줄 친 ⓐ~ⓔ 중 어법상 틀린 것은?

① ⓐ ② ⓑ ③ ⓒ ④ ⓓ ⑤ ⓔ

31 ▶ 242009-0193

윗글의 글쓴이에 대한 내용과 일치하지 않는 것은?

① 쌍둥이 형제가 있다.
② 키가 작다.
③ 매운 음식을 못 먹는다.
④ 3개의 언어를 말할 수 있다.
⑤ 강아지를 좋아한다.

32 ▶ 242009-0194

다음 상황에서 글쓴이가 남자아이들에게 할 수 있는 말은?

A few boys are running in the restaurant. There are many people in the restaurant, and the floor is slippery. So it looks dangerous. I have to say something to the boys.

① Can you run fast?
② You should not run.
③ Will you clean the floor?
④ You don't have to walk slowly.
⑤ You should eat more vegetables.

33 고난도 ▶ 242009-0195

(A), (B), (C)의 각 네모 안에서 어법에 맞는 표현을 골라 알맞게 짝지은 것은?

Ted is my classmate. He (A) [comes / came] to Korea last year. Today, I took him to my favorite Korean restaurant, and we (B) [have / had] bulgogi for lunch. Then we went to a local cafe and enjoyed traditional Korean tea and snacks. He will (C) [go / went] back to his country next month. I'm going to be so sad.

	(A)	(B)	(C)
①	comes	have	go
②	comes	had	go
③	came	had	go
④	came	have	went
⑤	came	had	went

Unit 07 명사와 대명사

이것만은 꼭!

- 명사는 수를 헤아릴 수 있는지의 여부에 따라 (　　　　) 명사와 (　　　　) 명사로 나눌 수 있다.
- (　　　　)는 명사를 대신하여 사용하며, 그 중 (　　　　)는 인칭과 수, 문장 내 역할에 따라 구분하여 사용한다.

미리 살펴보는 핵심구문

- I bought **an eraser** and **two pencils**.
- He bought **bread** and **milk**.
- Grandma is telling me **a story**. She knows a lot of **stories**.
- **This** is **my** car. **It** is not **yours**.
- A: **It**'s sunny outside.
  B: Yeah, **it** is a lovely day!

미리 풀어보는 미니 O/X 퀴즈

	O	X
셀 수 있는 명사는 단수/복수의 개념이 있다.	☐	☐
셀 수 있는 명사가 하나일 때는 명사 앞에 a 또는 an을 쓴다.	☐	☐
일정한 형태나 모양이 없는 물질은 셀 수 있는 명사에 속한다.	☐	☐
말하는 사람을 기준으로 가까이 있는 것을 대신하여 나타낼 때, that 또는 those를 쓴다.	☐	☐
계절, 날짜, 요일, 시간 등을 나타낼 때 쓰는 비인칭주어 it은 '그것'이라고 해석하지 않는다.	☐	☐

이것만은 꼭! 정답 셀 수 있는, 셀 수 없는, 대명사, 인칭대명사
미리 풀어보는 미니 O/X 퀴즈 정답 O, O, X, X, O

Grammar Point

1. 셀 수 있는 명사 vs. 셀 수 없는 명사

명사는 사람, 사물, 동물, 장소, 개념 등을 지칭하는 말입니다. 셀 수 있는 명사는 수를 헤아릴 수 있는 명사로서, 단수 명사일 경우 발음이 자음으로 시작하면 a를, 모음으로 시작하면 an을 앞에 붙입니다. 복수명사일 경우 수를 표현하는 말(two, three, many 등)이 함께 쓰이는 경우가 많습니다.

I bought **a flower**.	나는 꽃 한 송이를 샀다.
Do you have **an apple**?	너는 사과 하나를 가지고 있니?
He has **three** close **friends**.	그는 세 명의 친한 친구들이 있다.

셀 수 없는 명사는 수를 헤아릴 수 없는 명사로서, 앞에 a / an이나 수를 표현하는 말을 사용하지 않으며, 복수형도 없습니다. 그렇기에 주어로 사용될 때는 항상 단수로 취급합니다.

고유한 이름 (고유명사)	Tom, Seoul, France, Lake Victoria
일정한 형태나 모양이 없는 물질 (물질명사)	bread, money, water, milk, ice, air
추상적 개념 또는 감정 (추상명사)	love, peace, happiness, hope, health

Emily is from **London**.	Emily는 런던 출신이다.
Clean **water** is important.	깨끗한 물은 중요하다.
We need **love** and **peace**.	우리는 사랑과 평화가 필요하다.

Check-up Exercises

정답과 해설 22쪽

1 **문장에서 명사에 해당하는 부분에 밑줄을 그으시오.** 242009-0196

(1) Sam has a dog and a cat.
(2) A boy is looking at pandas.
(3) Vegetables are good for health.
(4) Did you put sugar in your coffee?

2 **괄호 안에서 알맞은 것을 고르시오.** 242009-0197

(1) She is (cook / a cook).
(2) Do you like (milk / a milk)?
(3) There is (cheese / a cheese) on the plate.

plus

- look at ~을 보다
- vegetable 채소
- be good for ~에 좋다
- health 건강
- sugar 설탕

- cook 요리사
- plate 접시

2. 셀 수 있는 명사의 복수형: 규칙 변화 vs. 불규칙 변화

five **pencils**

two **babies**

two **buses**

five **fish**

셀 수 있는 명사의 복수형은 다음과 같이 규칙 / 불규칙 변화의 방법으로 만들 수 있습니다.

규칙 변화	대부분의 명사	+ s	book**s**, doctor**s**, tree**s**, student**s**
규칙 변화	「자음 + y」로 끝나는 명사	y → i + es	bab**ies**, cit**ies**, stor**ies**, hobb**ies**
규칙 변화	-s, -sh, -ch, -o, -x로 끝나는 명사	+ es	bus**es**, dish**es**, church**es**, potato**es**, fox**es**
규칙 변화	-s, -sh, -ch, -o, -x로 끝나는 명사	예외	piano**s**, photo**s**
규칙 변화	-f, -fe로 끝나는 명사	f, fe → v + es	lea**ves**, kni**ves**, thie**ves**, wol**ves**
규칙 변화	-f, -fe로 끝나는 명사	예외	roof**s**, belief**s**, giraffe**s**
불규칙 변화		단어의 일부 또는 전체가 바뀜	man → **men**, woman → **women**, tooth → **teeth**, foot → **feet**, mouse → **mice**, child → **children**
불규칙 변화		단수 / 복수가 같음	**fish**, **sheep**, **deer**

Check-up Exercises

정답과 해설 22쪽

1 괄호 안의 단어를 빈칸에 알맞은 형태로 쓰시오. ▶ 242009-0198

(1) seven ____________ (car)
(2) four ____________ (deer)
(3) all ____________ (dish)
(4) many ____________ (photo)
(5) many ____________ (knife)
(6) five ____________ (fox)
(7) two ____________ (foot)
(8) three ____________ (baby)

⊕ plus

many는 '많은'이라는 뜻으로, 뒤에는 셀 수 있는 명사의 복수형이 필요해요.

2 괄호 안의 단어를 빈칸에 알맞은 형태로 쓰시오. ▶ 242009-0199

(1) Chris has many ______________. (toy)
(2) Kevin and Amy are ______________. (friend)
(3) Two ______________ are playing badminton. (man)
(4) My grandmother knows many interesting ______________. (story)

- badminton 배드민턴
- grandmother 할머니
- interesting 흥미로운

3. 인칭대명사와 지시대명사

인칭대명사는 사람이나 사물을 대신하여 사용하는 말로 인칭과 수(단수 / 복수), 문장에서의 역할에 따라 주격, 소유격, 목적격, 소유대명사로 구분하여 사용합니다.

인칭	수	주격 (~이/가)	소유격 (~의)	목적격 (~을/를)	소유대명사 (~의 것)
1인칭	단수	I	my	me	mine
	복수	we	our	us	ours
2인칭	단수 / 복수	you	your	you	yours
3인칭	단수	he / she / it	his / her / its	him / her / it	his / hers / – (it의 소유대명사는 없음)
	복수	they	their	them	theirs

지시대명사는 특정 사람이나 사물을 가리킬 때 쓰는 말로, 말하는 사람을 기준으로 가까이 있는 것은 this / these로, 멀리 있는 것은 that / those로 나타냅니다.

This is my doll. 이것은 나의 인형이다. **These** are his cups. 이것들은 그의 컵들이다.

That is an airplane. 저것은 비행기다. **Those** are her toys. 저것들은 그녀의 장난감들이다.

Check-up Exercises

정답과 해설 23쪽

1 **괄호 안에서 알맞은 것을 고르시오.** 242009-0200

(1) This is my pencil, not (him / his).

(2) Sally called (you / your) this morning.

(3) (Our / Ours) homeroom teacher is kind.

(4) A: Where are your sisters? B: I saw (they / them) in the garden.

2 **빈칸에 알맞은 말을 〈보기〉에서 골라 쓰시오. (필요하면 대소문자를 바꿀 것)** 242009-0201

보기

it that these those

(1) This is a spider. ________ has eight legs.

(2) A: Who's ________ on the bench? B: He is our new P.E. teacher.

(3) Look at the red caps over there. ________ are very nice.

plus

- homeroom teacher 담임 선생님
- garden 정원

- spider 거미
- bench 벤치
- P.E. 체육

4. 비인칭주어 it

It's 8 o'clock.

It's raining.

시간, 날짜, 요일, 거리, 날씨, 계절, 명암 등을 나타낼 때 비인칭주어 it을 씁니다. 인칭대명사 it은 '그것'이라고 해석하는 반면에, 비인칭주어 it은 해석하지 않습니다.

시간	**It**'s 9:30. 9시 30분이다.
날짜	**It**'s October 5th. 10월 5일이다.
요일	**It**'s Wednesday. 수요일이다.
거리	**It**'s 5 miles from here. 여기서 5마일 거리다.
날씨	**It**'s cold and windy today. 오늘은 춥고 바람이 분다.
계절	**It**'s summer in Australia now. 지금 호주는 여름이다.
명암	**It**'s too dark outside. 밖이 너무 어둡다.

Check-up Exercises

정답과 해설 23쪽

1 빈칸에 알맞은 말을 쓰시오. 242009-0202

(1) __________ is sunny today.
(2) __________ is late. You should go to bed now.
(3) __________ spring. I can see many beautiful flowers.
(4) __________ __________ snowing in New York then.

plus

- go to bed 잠자리에 들다
- snow 눈이 오다

2 각 질문에 알맞은 응답을 연결하시오. 242009-0203

(1) How far is it to the bank? •
(2) What's the date today? •
(3) What day is it today? •
(4) Should we turn on the light? •

• a. It's Friday.
• b. It's July 23rd.
• c. It's about 2 kilometers.
• d. No, it's bright enough.

Grammar Practice

1 **다음 중 셀 수 있는 명사가 아닌 것은?** 242009-0204

① tree ② bread ③ robot
④ violin ⑤ computer

plus

[2-3] 다음 빈칸에 들어갈 말로 알맞지 않은 것을 두 개 고르시오.

2 242009-0205

셀 수 없는 명사는 단수동사를 함께 사용해요.

There are ____________ on the desk.

① coins ② green tea ③ some paper
④ two oranges ⑤ three notebooks

3 242009-0206

• take pictures of ~의 사진을 찍다

____________ are taking pictures of the birds.

① He ② She ③ You
④ They ⑤ The children

4 **다음 중 빈칸에 an을 쓸 수 있는 것은?** 242009-0207

셀 수 있는 단수명사의 첫 발음이 모음인 경우 앞에 an을 사용해요.

① I don't have ________ TV.
② Julia is ________ famous singer.
③ Is there ________ Korean menu?
④ Does she have ________ umbrella?
⑤ We spent ________ week in Busan.

서술형

5 **그림과 일치하도록 대화의 빈칸을 완성하시오.** 242009-0208

• pet 반려동물

A: Do you have a pet at home?
B: Yes, I have ________ ________ and two ________. I like ________ a lot.

6 **다음 중 밑줄 친 부분이 어법상 틀린 것은?** ▶ 242009-0209

① Two babys are crying. ② I need butter and flour.
③ We baked many cookies. ④ She will be back in an hour.
⑤ I wrote a letter to my parents.

plus
• flour 밀가루
• hour 시간
• parent 부모

7 **빈칸에 공통으로 들어갈 말로 알맞은 것은?** ▶ 242009-0210

• ________'s getting dark.
• ________ is December 14th.
• ________ was very chilly yesterday.

① It ② This ③ That ④ These ⑤ Those

• dark 어두운
• chilly 쌀쌀한

서술형

8 **우리말과 같은 뜻이 되도록 빈칸에 알맞은 말을 쓰시오.** ▶ 242009-0211

이것들은 각각 5달러이고, 저것들은 각각 10달러이다.

→ ________ ________ 5 dollars each, and ________ ________ 10 dollars each.

9 **빈칸에 들어갈 말이 알맞게 짝지어진 것은?** ▶ 242009-0212

• There are ________ in the house. (집 안에 쥐들이 있다.)
• The bread ________ very delicious. (그 빵은 무척 맛있다.)

① mice - is ② mice - are ③ mice - were
④ mouses - is ⑤ mouses - are

10 **다음 글을 읽고 밑줄 친 부분을 어법에 맞게 고쳐 쓰시오.** ▶ 242009-0213

I like my uncle's farm. There are many (1) animal and trees. My uncle has five chickens, seven (2) deers, and three horses. I will visit (3) him farm next week. Do you have (4) a time next week? Then let's visit my uncle's farm together!

(1) → ________ (2) → ________
(3) → ________ (4) → ________

• farm 농장
• visit 방문하다
• together 같이

고난도

11 다음 중 어법상 틀린 문장은? ◎ 242009-0214

① Is he their new leader? ② Are these very popular?
③ She has three close friends. ④ We can't live without water.
⑤ David is an university student.

plus
· leader 지도자
· popular 인기 있는
· close 친한
· without ~ 없이
· university 대학

서술형

12 우리말과 일치하도록 괄호 안에서 필요한 말을 골라 바르게 배열하시오. ◎ 242009-0215

· thief 도둑
· steal 훔치다

두 명의 도둑들이 돈을 훔치고 있는 중이다.
(two / thief / thiefs / thieves / are / steal / stealing / money / moneys)

→ ____________________

13 밑줄 친 부분의 쓰임이 나머지와 다른 하나는? ◎ 242009-0216

· snowy 눈 오는
· far 먼

① It's January 11th. ② It's 10 o'clock now.
③ It's cold and snowy. ④ It's my favorite song.
⑤ It's not far from here.

고난도

14 다음 글을 읽고 밑줄 친 부분을 어법에 맞게 고쳐 쓰시오. ◎ 242009-0217

· introduce 소개하다
· thankful 고맙게 생각하는

Hi, I'm Emma. I will introduce my cousin to you. (1) He name is Brian. He is really good at math. He helps my sister and (2) I with our homework. (3) Our are really thankful for that and we like him very much.

(1) → ________ (2) → ________ (3) → ________

서술형

15 우리말과 같은 뜻이 되도록 대화의 빈칸을 완성하시오. ◎ 242009-0218

A: Susan, are (1) ________ yours? They look great!
(Susan, 이것들은 너의 것이니? 그것들은 멋져 보여!)
B: Yes, they (2) ________ ________. My mom bought (3) ________ for (4) ________.
(응, 그것들은 내 거야. 엄마가 나를 위해 그것들을 사 주셨어.)

Write It Yourself

정답과 해설 24~25쪽

1 **그림을 보고, 〈보기〉에서 알맞은 말을 골라 글을 완성하시오.** ◎ 242009-0219

보기

she it these this is are

This is a picture of my family at the park. (1) __________ __________ my dad. He is drinking orange juice. (2) __________ is his favorite drink. (3) __________ __________ my mom and my brother. They are walking Ruru, our dog. This is my grandmother. (4) __________ is wearing sunglasses and reading a book. This is me. I am drawing cute deer and sheep.

2 **일기예보를 보고, 대화의 빈칸을 완성하시오.** ◎ 242009-0220

Son : Mom, when is our family picnic day?

Mom: (1) __________ Tuesday.

Son : What's the date on Tuesday?

Mom: (2) __________ __________ 2nd.

Son : Oh, I have a group project that day. Can we change the day to Wednesday?

Mom: But (3) __________ going to rain on Wednesday.

Son : Then, what about Thursday?

Mom: The weather report says (4) __________ will be very cloudy. How about Friday?
(5) __________ __________ be sunny all day.

Son : Sounds good! Let's go on a picnic on Friday.

Read and Think

정답과 해설 25쪽

다음 글을 읽고, 물음에 답하시오.

Today was the school talent show day! **It** rained all day but **we** enjoyed the show. Many students showcased **their** talents. Minho performed magic with an umbrella. **His** magic tricks were fantastic! Suji danced to K-pop music. **Her** dance moves were amazing! Jihyun and Hojin sang a beautiful song. **I** liked the title of **their** song, 'The Beautiful Leaves in Fall'. Class 1-3 performed a musical. The story was about the animal world, with cats, mice, and foxes. <u>이 동물들은 맛있는 빵과 버터를 위해 협동했다.</u>

1 윗글의 내용과 일치하지 <u>않는</u> 것은? ▶ 242009-0221

① 오늘은 하루 종일 비가 내렸다.
② 민호는 우산을 이용한 마술을 공연했다.
③ 수지는 K-pop 음악에 맞춰 춤을 췄다.
④ 지현이와 호진이가 부른 노래의 제목은 봄과 관련된 것이었다.
⑤ 1학년 3반은 고양이, 쥐, 여우가 나오는 뮤지컬을 공연했다.

서술형

2 윗글의 밑줄 친 우리말 뜻에 알맞게 문장을 완성하시오. ▶ 242009-0222

→ ________ ________ worked together for delicious ________ and ________.

plus

talent show 장기 자랑 showcase 보여 주다 perform 공연하다 fantastic 환상적인 move 움직임 amazing 놀라운 title 제목 musical 뮤지컬

Unit 08

형용사와 부사 1

이것만은 꼭!

형용사는 ________ 의 상태, 성질, 수량 등을 나타내는 말이며, 부사는 ________, ________, ________, ________ 를 꾸며주는 역할을 한다.

미리 살펴보는 핵심구문

- This is a **good** movie.
- The movie is **good**.
- Tony has **many** hobbies.
- We don't have **much** time now.
- Nicole walks **fast**, but **surprisingly** she speaks **very slowly**.
- I **always** get up at 6:30, so I am **never** late for school.

미리 풀어보는 미니 O/X 퀴즈

	O	X
형용사는 명사를 꾸며주거나, 명사에 대한 보충 설명을 한다.	☐	☐
수량 형용사는 셀 수 있는 명사와만 함께 쓴다.	☐	☐
형용사와 부사의 형태가 같은 것들도 있다.	☐	☐
very, so, too는 주로 형용사와 다른 부사를 꾸며주는 역할을 한다.	☐	☐
빈도부사의 위치는 일반적으로 be동사나 조동사 앞에, 일반동사 뒤에 쓴다.	☐	☐
seldom, never와 같이 부정의 의미를 가진 빈도부사는 보통 not과 함께 쓰지 않는다.	☐	☐

이것만은 꼭! 정답 명사, 동사, 형용사, 다른 부사, 문장 전체

미리 풀어보는 미니 O/X 퀴즈 정답 O, X, O, O, X, O

Grammar Point

1. 형용사의 역할

It is a **big** dog.

The balloon is **yellow**.

형용사는 명사의 상태, 성질, 수량 등을 나타내는 말입니다. 주로 명사 앞에 위치해 명사를 수식하거나, 동사 뒤에서 명사를 보충 설명해 주는 역할을 합니다.

a **beautiful** flower 아름다운 꽃 (명사 수식)   a **sweet** candy 달콤한 사탕 (명사 수식)   This chair is **high**. 이 의자는 높다. (= 명사 보충 설명)

I have a **good** friend. 나는 좋은 친구가 한 명 있다.
He bought **five** books. 그는 다섯 권의 책을 샀다.
That room is **empty**. 저 방은 비어 있다.
The soup tastes **salty**. 그 수프는 짠맛이 난다.

Check-up Exercises

정답과 해설 25쪽

1 〈보기〉에서 알맞은 형용사를 골라 문장을 완성하시오. ▶ 242009-0223

보기
tall curly windy delicious

(1) It is __________ today.
(2) She has __________ hair.
(3) John is very __________.
(4) This blueberry pie is __________.

2 〈보기〉와 같이 두 문장을 한 문장이 되도록 만드시오. ▶ 242009-0224

보기
It is a cat. It is black. → It is a black cat.

(1) Miso is a girl. She is nice.
→ Miso is __________ __________ __________.

(2) The Sahara is a desert. It is large.
→ The Sahara is __________ __________ __________.

(3) Andrew is a boy. He is from America.
→ Andrew is __________ __________ boy.

plus
- blueberry 블루베리
- desert 사막

2. '많은' 수량을 나타내는 형용사

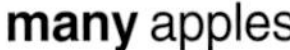
many apples

much money

a lot of cars

lots of water

many, much, a lot of, lots of는 모두 '많은'이라는 의미의 수량 형용사이지만, 뒤에 나올 수 있는 명사는 다릅니다.

many	+ 셀 수 있는 명사(복수형)	**many** plants, **many** dishes, **many** sheep
much	+ 셀 수 없는 명사	**much** rain, **much** money, **much** water
a lot of / lots of	+ 셀 수 있는 명사(복수형), 셀 수 없는 명사	**a lot of** students, **a lot of** bread **lots of** movies, **lots of** sugar

You have **many hobbies**. 너는 많은 취미들을 가지고 있다.
Sam doesn't have **much time** during the day. Sam은 낮 동안에 시간이 많지 않다.
My little sister reads **a lot of books**. 내 여동생은 많은 책을 읽는다.
I will drink **lots of milk** every day. 나는 매일 많은 우유를 마실 것이다.

Check-up Exercises

정답과 해설 25쪽

1 many, much 중에서 알맞은 것을 빈칸에 쓰시오. 242009-0225

(1) There are __________ pencils on the desk.
(2) Too __________ salt is not good for you.
(3) How __________ ice do you need?
(4) This bag comes in __________ different colors.

plus
- too 너무
- salt 소금
- different 여러 가지의

2 두 문장이 같은 의미가 되도록 빈칸에 알맞은 말을 쓰시오. 242009-0226

(1) We have a lot of homework.
= We have __________ __________ homework.
(2) He doesn't have lots of money.
= He doesn't have __________ __________.
(3) Did you make many cookies?
= Did you make __________ __________ __________ cookies?

빈칸 뒤에 있는 명사가 셀 수 있는 명사인지, 셀 수 없는 명사인지 구분하는 것이 중요해요.
- homework 숙제

3. 부사의 역할과 형태

The bird flies **high**.

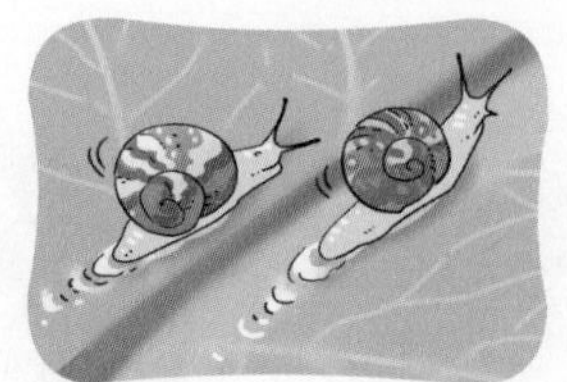
Snails move **slowly**.

I got up **early**.

부사는 동사, 형용사, 다른 부사, 또는 문장 전체를 꾸며주는 역할을 합니다.

Emily runs **fast**. (동사 수식)

Emily is **very** careful. (형용사 수식)

Emily runs **very** fast. (다른 부사 수식)

Surprisingly, Emily is very careful. (문장 전체 수식)

대부분의 부사는 형용사에 -ly를 붙여서 만들고, 형용사가 y로 끝나면 y를 i로 고치고 -ly를 붙입니다. 형용사와 부사의 형태가 같은 것들도 있습니다.

형용사 - 부사		
glad - glad**ly** (기쁜 - 기쁘게)	sad - sad**ly** (슬픈 - 슬프게)	beautiful - beautiful**ly** (아름다운 - 아름답게)
kind - kind**ly** (친절한 - 친절하게)	slow - slow**ly** (느린 - 느리게)	bright - bright**ly** (밝은 - 밝게)
happy - happ**ily** (행복한 - 행복하게)	easy - eas**ily** (쉬운 - 쉽게)	
early - early (이른 - 일찍)	late - late (늦은 - 늦게)	enough - enough (충분한 - 충분히)
fast - fast (빠른 - 빠르게)	high - high (높은 - 높게)	straight - straight (곧은, 똑바른 - 똑바로)

Check-up Exercises

정답과 해설 26쪽

1 **괄호 안에서 알맞은 것을 고르시오.** 242009-0227

(1) Don't drive so (fast / fastly).

(2) My father can speak English (good / well).

(3) I can solve the problem (easy / easily).

(4) Bob studied (hard / hardly), and he passed the test.

plus
- drive 운전하다
- solve 풀다
- problem 문제
- pass 통과하다

2 **밑줄 친 부분을 바르게 고쳐 쓰시오. (틀리지 않았으면 그대로 쓸 것)** 242009-0228

(1) He <u>kind</u> helped me. → ____________

(2) I got up <u>lately</u> this morning. → ____________

(3) This is a <u>really</u> important report. → ____________

(4) He is very tired. So he can't walk <u>straight</u>. → ____________

- important 중요한
- report 보고서
- tired 피곤한
- straight 똑바로

4. 빈도부사

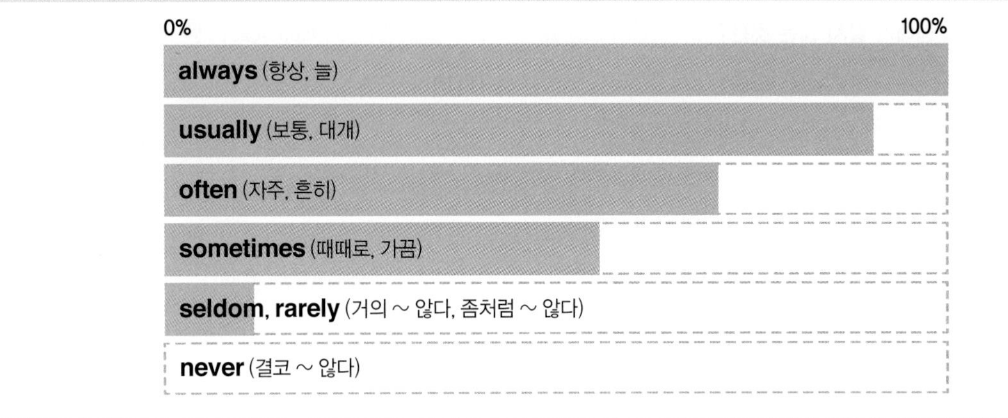

빈도부사는 상황과 동작의 빈도를 나타내는 부사로, 일반적으로 be동사와 조동사의 뒤, 일반동사의 앞에 위치합니다.

My mother is **always** busy on weekdays. 우리 엄마는 주중에 항상 바쁘시다.
→ be동사 뒤에 위치

We will **sometimes** call you. 우리가 때때로 너에게 전화할게.
→ 조동사 뒤에 위치

I **seldom** eat spicy food. 나는 매운 음식을 거의 먹지 않는다.
→ 일반동사 앞에 위치

Check-up Exercises

정답과 해설 26쪽

1 괄호 안의 빈도부사가 들어갈 위치로 알맞은 곳을 고르시오. ▶ 242009-0229

(1) Tina ① drinks ② coffee ③ in the morning. (always)
(2) I ① will ② use ③ my sister's bike. (never)
(3) Suho ① is ② late ③ for school. (sometimes)
(4) My father ① wears ② sunglasses ③ on sunny days. (usually)

plus

문장에 사용된 동사가 be동사/조동사인지 일반동사인지 구분해서 빈도부사의 위치를 생각해 보세요.

- sunglasses 선글라스

2 〈보기〉와 같이 괄호 안의 말을 이용하여 문장을 완성하시오. (필요하면 형태를 바꿀 것) ▶ 242009-0230

보기

My brother sometimes gets up late in the morning. (get up, sometimes)

(1) He ___________ ___________ a green T-shirt. (wear, often)
(2) Ms. Lee ___________ ___________ nice to people. (be, usually)
(3) I will ___________ ___________ your kindness. (remember, always)
(4) She ___________ ___________ late for her tennis lesson. (be, never)

- get up 일어나다
- kindness 친절
- remember 기억하다
- tennis 테니스

Grammar Practice

1 형용사와 부사의 형태가 같지 <u>않은</u> 것은? ▶ 242009-0231

① sad ② fast ③ high
④ late ⑤ early

[2-3] 다음 빈칸에 들어갈 말로 알맞지 <u>않은</u> 것을 고르시오.

2 ▶ 242009-0232

> My little brother is kind, smart, and ________.

① cute ② tall ③ funny
④ cheerful ⑤ beautifully

3 ▶ 242009-0233

> I got ________ presents for my birthday.

① many ② much ③ some
④ lots of ⑤ a lot of

[4-5] 다음 빈칸에 공통으로 들어갈 말로 알맞은 것을 고르시오.

4 ▶ 242009-0234

> • Fred is a(n) ________ and shy boy.
> • You should be ________ in the library.

① easy ② loud ③ poor
④ quiet ⑤ difficult

5 ▶ 242009-0235

> • This building is so ________.
> • The kite flew ________ in the sky.

① hard ② hardly ③ high
④ highly ⑤ easily

plus

• cheerful 발랄한

• present 선물

• shy 수줍음이 많은
• poor 불쌍한

• kite 연

6 **짝지어진 두 단어의 관계가 형용사 – 부사인 것은?** ▶ 242009-0236

① day - daily　② live - lively
③ friend - friendly　④ week - weekly
⑤ careful - carefully

7 **밑줄 친 단어들을 바르게 고쳐 문장을 다시 쓰시오.** ▶ 242009-0237

Mina drives careful, but Jiho drives careless.

→ ______________________________

고난도

8 **밑줄 친 부분 중 어법상 틀린 것을 두 개 찾아 번호를 쓰고 바르게 고쳐 쓰시오.** ▶ 242009-0238

(1) I saw many deer in the forest.
(2) This cookie has too many sugar in it.
(3) Are there much students in the playground?
(4) We should not use too much water.

(　) : ____________　(　) : ____________

9 **대화를 완성하기 위해 many와 much 중 하나를 골라 쓰시오.** ▶ 242009-0239

Peter: Hi, Jisu. Why don't we eat lunch together? I know (1) ________ great restaurants downtown.
Jisu : Unfortunately, I don't have (2) ________ time. I have a lot of homework for my science class.
Peter: That's too bad. But don't worry. I can help you with that.
Jisu : Really? Thanks so much.
Peter: No problem. Let's go to the library now. There are (3) ________ books for your homework.

10 **밑줄 친 단어의 역할이 나머지와 다른 것은?** ▶ 242009-0240

① She really helped me.
② You speak Chinese well.
③ Was the sun shining brightly?
④ Why did you come home early?
⑤ The singer is not friendly to his fans.

plus

- daily 나날의; 매일
- lively 활기찬
- friendly 친절한
- weekly 매주의

- careful 조심스러운
- careless 부주의한

- sugar 설탕
- playground 운동장

- downtown 시내에
- unfortunately 불행하게도

- Chinese 중국어
- shine 빛나다
- brightly 밝게
- fan 팬

11 밑줄 친 단어의 위치가 바르지 못한 것은? ▶ 242009-0241

① He never uses plastic bags.
② I seldom have coffee at night.
③ This restaurant is always crowded.
④ She is usually at home on weekends.
⑤ You often can see squirrels in the forest.

plus
- plastic bag 비닐봉지
- seldom 좀처럼 ~않다
- crowded 붐비는
- squirrel 다람쥐

12 〈보기〉의 표현을 이용하여 글을 완성하시오. (단, 한 번씩만 사용) ▶ 242009-0242

보기
always never difficult hard a lot of

Tom (1) ________ wakes up early for the school bus. He is never late for school. At school, math is sometimes (2) ________ for him, but he studies (3) ________. He usually has (4) ________ homework, but he (5) ________ gives up.

각 문장의 앞뒤 내용을 잘 살펴 해석해 본 후, 어울리는 형용사 / 부사를 고르세요.
- give up 포기하다

13 대화에서 어법상 틀린 부분을 두 군데 찾아 바르게 고쳐 쓰시오. ▶ 242009-0243

A: Do you have any special plans for this Sunday?
B: I'm going to my favorite singer's concert!
A: Wow! You mean Jason's concert? How did you get a ticket?
B: Luck, I got a free ticket from my uncle.
A: That's nice. Have a greatly time!

(1) __________ → __________ (2) __________ → __________

- special 특별한
- mean 의미하다

14 밑줄 친 부분의 쓰임이 잘못된 것은? ▶ 242009-0244

① Is dinner almost ready? ② She did poorly on the exam.
③ Honestly, I didn't tell anyone. ④ Can I stay up lately tonight?
⑤ The movie was highly interesting.

- almost 거의
- poorly 좋지 못하게, 형편없이
- honestly 솔직히

15 우리말과 일치하도록 빈칸에 주어진 철자로 시작하는 알맞은 말을 쓰시오. ▶ 242009-0245

그는 스포츠를 좋아하지 않아서, 경기를 좀처럼 보지 않는다.

→ He doesn't like sports, so he s__________ watches sports games.

Write It Yourself

정답과 해설 28쪽

1 **그림을 보고, 〈보기〉의 표현을 이용하여 질문에 대한 답을 완성하시오. (단, 한 번씩만 사용)** ▶ 242009-0246

보기

brown busy happily large high a lot of yellow very

(1) Q: What does James look like?
A: He's tall and wearing a ____________ hat. He's carrying a ____________ suitcase.

(2) Q: What does Amy look like?
A: She has long ____________ hair. She's holding ____________ shopping bags.

(3) Q: What is George doing?
A: He's rushing out of the exit. He looks ____________ ____________.

(4) Q: What is Claire doing?
A: She's jumping ____________ between her mom and dad.

(5) Q: What are Claire's parents doing?
A: They're smiling ____________ at her.

2 **Eric의 한 주 간의 일상생활 및 그 빈도를 나타낸 표이다. 괄호 안의 말을 이용하여 문장을 완성하시오. (필요하면 형태를 바꿀 것)** ▶ 242009-0247

	Monday	Tuesday	Wednesday	Thursday	Friday	Saturday	Sunday
draw pictures	O	O	O	O	O	O	O
play chess	X	O	X	X	X	O	X
drink soda	X	X	X	X	X	X	X

(1) Eric ________ pictures ________ day. He ________ ________ to his drawing class.
(go, every, always)

(2) Eric ________ ________ chess. (sometimes)

(3) Eric ________ ________ soda. (never)

Read and Think

정답과 해설 28쪽

다음 글을 읽고, 물음에 답하시오.

Every Saturday, Jane wakes up to the **bright** sun. (①) She gets out of her **cozy** bed and goes downstairs. (②) Her dad **always** makes a **yummy** breakfast like **hot** pancakes. (③) She has a **great** time with them. (④) After two or three hours, she goes back home. (⑤) Then she **usually** flies drones in the garden. On **rainy** days, she **sometimes** draws her **favorite** characters. <u>그녀의 하루는 많은 활동들로 바쁘다.</u>

1 **윗글의 ①~⑤ 중 주어진 문장이 들어가기에 알맞은 곳은?** 242009-0248

She eats quickly and then goes biking with her friends.

① ② ③ ④ ⑤

서술형

2 **윗글의 밑줄 친 우리말 뜻에 알맞게 주어진 어구를 이용하여 문장을 완성하시오. (필요하면 형태를 바꿀 것)** 242009-0249

busy lots of activity be

→ Her day __________ __________ with __________ __________.

plus

bright 밝은 cozy 아늑한 yummy 맛있는 pancake 팬케이크 drone 드론 character 캐릭터

Unit 09

형용사와 부사 2

이것만은 꼭!

형용사와 부사는 본래 형태인 원급뿐만 아니라, ______, ______의 형태로도 사용한다. 두 대상을 비교하여 정도가 더 심한 것을 표현하고 싶다면 ______, 셋 이상의 대상 중에서 정도가 가장 심한 것을 표현하고 싶다면 ______을 사용한다.

미리 살펴보는 핵심구문

- This rock is **bigger than** that one.
- The car is **more expensive than** mine.
- Mia can run **much faster than** Kevin.
- Kevin is **the tallest** student **in** the class.
- This band is **more popular than any other band**.

미리 풀어보는 미니 O/X 퀴즈

	O	X
• 원급을 비교급, 최상급으로 만드는 규칙이 있으며, 불규칙하게 변하는 경우는 없다.	☐	☐
• 비교급 뒤에는 '~보다'의 의미인 than을 쓰는 것이 일반적이다.	☐	☐
• 비교급 앞에 much, even, still, far 등의 부사를 써서 비교급을 강조하기도 한다.	☐	☐
• 최상급을 이용하여 표현하기 위해서는 두 개의 대상이 있어야 한다.	☐	☐
• 비교급을 이용하여 최상급의 의미를 나타낼 수도 있다.	☐	☐

이것만은 꼭! 정답 비교급, 최상급, 비교급, 최상급
미리 풀어보는 미니 O/X 퀴즈 정답 X, O, O, X, O

Grammar Point

1. 비교급의 형태

tall - tall**er**

expensive - **more** expensive

원급은 형용사나 부사의 원래 형태를 말합니다. 비교급은 두 대상을 비교하여 정도가 더 심함을 나타낼 때 사용하는 형용사나 부사의 형태로 다음과 같이 만듭니다.

구분		비교급 규칙	원급	비교급
규칙 변화	대부분의 경우	원급 + er	high, young	high**er**, young**er**
	-e로 끝날 때	원급 + r	nice, large	nice**r**, large**r**
	「단모음+단자음」으로 끝날 때	끝자음 한 번 더 + er	big, hot	big**ger**, hot**ter**
	「자음+y」로 끝날 때	y → i + er	angry, heavy	angr**ier**, heav**ier**
	3음절 이상 또는 -ful, -ive, -ous, -ing로 끝날 때	more + 원급	beautiful, active, famous, interesting	**more** beautiful, **more** active, **more** famous, **more** interesting
불규칙 변화		good / well - **better**, many / much - **more**, bad / ill - **worse**, little - **less**		

plus 영어 음절은 모음(a, e, i, o, u)이 발음될 때 나는 소리의 단위입니다. 모음 소리의 개수를 세어보면 몇 음절인지 알 수 있습니다. e.g. big(1음절), famous(2음절), beautiful(3음절)

Check-up Exercises

정답과 해설 29쪽

1 각 단어의 비교급으로 옳은 것을 고르시오. 242009-0250

(1) fast - (faster / more fast) (2) thin - (thiner / thinner)

(3) pretty - (prettyer / prettier) (4) happily - (happilier / more happily)

plus
- thin 얇은
- happily 행복하게

2 원급과 비교급을 바르게 연결하시오. 242009-0251

(1) bad • • a. less

(2) well • • b. more

(3) little • • c. worse

(4) many • • d. better

- less 더 적은
- worse 더 나쁜

2. 비교급을 이용하여 표현하기

Peter is **older than** Jim.

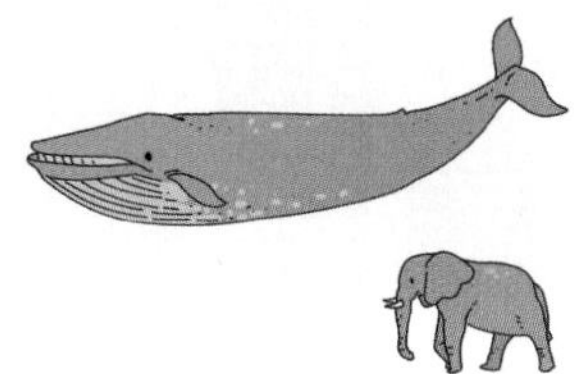

A whale is **bigger than** an elephant.

「비교급+than ~」은 '~보다 더 …한/하게'라는 뜻으로 두 대상 중 하나의 정도가 더 심한 것을 나타냅니다.

My father is **younger than** my uncle. 우리 아버지는 삼촌보다 나이가 더 어리시다.

She is **braver than** her little sister. 그녀는 그녀의 여동생보다 더 용감하다.

This box is **heavier than** that box. 이 상자가 저 상자보다 더 무겁다.

The elderly man walks **more slowly than** the young boy. 그 노인은 그 젊은이보다 더 느리게 걷는다.

plus 비교급을 강조할 때 much, even, still, far 등의 부사를 비교급 앞에 사용하여, '훨씬'이라는 의미를 나타낼 수 있습니다.
e.g. A cheetah runs **much faster than** a deer. 치타는 사슴보다 훨씬 더 빨리 달린다.

Check-up Exercises

정답과 해설 29쪽

1 괄호 안에서 알맞은 것을 고르시오. 242009-0252

(1) Your computer is (good / better) than mine.
(2) Tom is (much / very) stronger than his brother.
(3) My mother is (busier / more busier) than my father.
(4) She listened to the teacher (much carefully / more carefully) than her classmates.

plus
- strong 힘센
- busy 바쁜
- carefully 주의 깊게
- classmate 급우

2 <보기>와 같이 괄호 안의 형용사를 이용하여 둘을 비교하는 문장을 쓰시오. (첫 단어를 주어로 사용할 것) 242009-0253

보기
this cookie, that one (sweet) → This cookie is sweeter than that one.

(1) winter, fall (cold) → ____________________
(2) Canada, Japan (large) → ____________________
(3) the book, the movie (interesting) → ____________________
(4) today's weather, yesterday's (bad) → ____________________

- interesting 재미있는
- weather 날씨

3. 최상급의 형태

tallest

biggest

비교급이 두 대상을 비교하여 둘 중 정도가 더 심한 것을 나타내기 위해 사용하는 형태라면, 최상급은 셋 이상의 대상 중 정도가 가장 심한 것을 나타낼 때 사용하는 형태입니다. 일반적으로 최상급 앞에는 정관사 the가 붙으며 다음과 같이 만듭니다.

구분		최상급 규칙	원급	최상급
규칙 변화	대부분의 경우	원급 + est	high, young	high**est**, young**est**
	-e로 끝날 때	원급 + st	nice, large	nice**st**, large**st**
	「단모음+단자음」으로 끝날 때	끝자음 한 번 더 + est	big, hot	big**gest**, hot**test**
	「자음+y」로 끝날 때	y → i + est	angry, heavy	angr**iest**, heav**iest**
	3음절 이상 또는 -ful, -ive, -ous, -ing로 끝날 때	most + 원급	beautiful, active, famous, interesting	**most** beautiful, **most** active, **most** famous, **most** interesting
불규칙 변화		good / well - **best**, many / much - **most**, bad / ill - **worst**, little - **least**		

Check-up Exercises

정답과 해설 29쪽

1 각 단어의 최상급으로 옳은 것을 고르시오. ▶ 242009-0254

(1) busy – (busyest / busiest)
(2) famous – (famousest / most famous)
(3) good – (goodest / best)
(4) many – (maniest / most)

 plus

• famous 유명한

2 괄호 안에서 알맞은 것을 고르시오. ▶ 242009-0255

(1) Donald runs the (faster / fastest).
(2) What is the (hotest / hottest) month of the year?
(3) She made the (worse / worst) choice in her life.
(4) Today is the (more meaningful / most meaningful) day to me.

• choice 선택
• life 인생
• meaningful 의미 있는

4. 최상급을 이용하여 표현하기

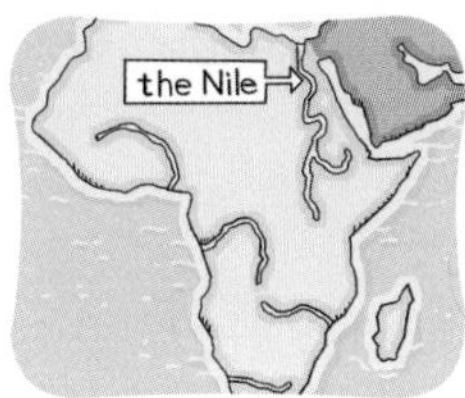

The Nile is **the longest** river **in the world**.

The cheetah is **the fastest** land animal **on Earth**.

「the + 최상급」은 '가장 ~한/하게'라는 의미입니다. 최상급 뒤에는 주로 「of + 복수명사」 또는 「in + 집단/장소의 단수명사」가 옵니다.

Andy is **the tallest** student **in our class**. Andy는 우리 반에서 가장 키가 큰 학생이다.

He is **the youngest of the three brothers**. 그는 그 세 형제 중 가장 나이가 어리다.

최상급의 관용 표현인 「one of + the + 최상급 + 복수명사」는 '가장 ~한 …들 중 하나'라는 의미입니다.

Dora is **one of the best students** in the class. Dora는 반에서 가장 훌륭한 학생들 중 하나이다.

「비교급 + than + any other + 단수명사」는 '다른 어떤 …보다 더 ~한'이라는 의미로, 비교급을 이용하여 최상급의 의미를 나타낼 수 있습니다.

This question is **more difficult than any other question**. 이 문제는 다른 어떤 문제보다 더 어렵다.

Check-up Exercises

정답과 해설 29쪽

1 괄호 안에서 알맞은 것을 고르시오. ▶ 242009-0256

(1) This is the (smaller / smallest) room in the house.

(2) The Great Wall of China is the (longer / longest) wall in the world.

(3) Baseball is one of the most popular (sport / sports) for Koreans.

(4) Liam is the (more handsome / most handsome) boy in my school.

plus
- wall 벽
- popular 인기 있는
- handsome 잘생긴

2 괄호 안의 단어를 이용하여 최상급 문장을 완성하시오. ▶ 242009-0257

(1) Mina studies ________ ________ in her class. (hard)

(2) The purple bag is ________ ________ of the three. (heavy)

(3) Greenland is ________ ________ ________ other island in the world. (large)

(4) Her speech was ________ ________ ________ of all the speeches. (interesting)

- speech 연설

Grammar Practice

1 '원급-비교급-최상급'의 연결이 잘못된 것은? ▶ 242009-0258

① bad - worse - worst
② low - lower - lowest
③ little - less - least
④ famous - famouser - famousest
⑤ exciting - more exciting - most exciting

2 빈칸에 들어갈 말로 알맞은 것은? ▶ 242009-0259

This flower is ________ than that flower.

① many ② prettier ③ beautiful
④ more heavy ⑤ most expensive

[3-4] 다음 빈칸에 공통으로 들어갈 말로 알맞은 것을 고르시오.

3 ▶ 242009-0260

- My little sister eats ________ than before.
- This show is ________ boring than that show.

① many ② much ③ more
④ little ⑤ least

4 ▶ 242009-0261

- Tim is the ________ man for the job.
- You should always do your ________.

① most ② best ③ better
④ worse ⑤ worst

서술형

5 다음 문장에서 어법상 틀린 부분을 바르게 고쳐 문장을 다시 쓰시오. ▶ 242009-0262

(1) English is easyer for me than Chinese.

→ ________________

(2) Kelly is the most smart student in my class.

→ ________________

plus

- famous 유명한
- expensive 비싼
- boring 지루한
- smart 똑똑한

고난도 서술형

6 **우리말과 일치하도록 괄호 안의 말을 바르게 배열하시오.** 242009-0263

> 오늘 시험이 가장 어려운 시험들 중 하나였다.
> (the / today's / was / most / test / of / one / difficult / tests)

→ ______________________________

7 **빈칸에 들어갈 말로 알맞지 않은 것은?** 242009-0264

> The book is ________ more interesting than the movie.

① far ② even ③ much ④ very ⑤ still

중요

8 **다음 중 어법상 틀린 문장은?** 242009-0265

① Cats are cuter than dogs.
② This year is hotter than last year.
③ What was the most surprising thing?
④ Does he sleep little than 5 hours a day?
⑤ My 13th birthday was the happiest day of my life.

고난도 서술형

9 **우리말과 일치하도록 괄호 안의 말을 이용하여 문장을 완성하시오. (필요하면 형태를 바꿀 것)** 242009-0266

> 그녀는 반에서 다른 어떤 학생보다 더 열심히 공부한다.
> (study / hard / any / other)

→ She ________ ________ than ________ ________ ________ in her class.

고난도

10 **다음 중 어법상 옳은 문장으로 짝지어진 것은?** 242009-0267

> a. Who can jump higher than Ben?
> b. Your room is dirtier than my room.
> c. That question is one of the hardest question.
> d. Is this country smaller than any other country in the world?

① a, b ② b, c ③ c, d ④ a, b, d ⑤ b, c, d

plus

- difficult 어려운
- surprising 놀라운
- question 질문
- country 나라

11 빈칸에 공통으로 들어갈 알맞은 말을 쓰시오. ▶ 242009-0268

- Thank you very __________ for helping me.
- Health is __________ more important than money.

plus
- important 중요한

12 빈칸에 들어갈 말로 알맞은 것은? ▶ 242009-0269

A giraffe is __________ animal on Earth.

① the tall ② taller ③ tallest
④ the tallest ⑤ the most tall

- giraffe 기린

서술형

13 다음 두 문장을 한 문장으로 쓸 때 빈칸에 알맞은 말을 쓰시오. ▶ 242009-0270

Hojun draws pictures better than Somi.
+ Dojin draws pictures better than Hojun.

→ Dojin __________ __________ __________ __________ of the three.

서술형

14 그림과 일치하도록 두 사람의 나이를 비교하는 문장을 완성하시오. ▶ 242009-0271

(1) Jiho is ________ ________ Minsu.
(2) Minsu ________ ________ ________ Jiho.

중요

15 대화의 빈칸에 들어갈 말을 순서대로 짝지은 것은? ▶ 242009-0272

A: I made these cookies yesterday. They taste __________ than the cookies from last time.
B: Can I try them?
A: Sure. Have some.
B: Wow! These are the__________ cookies ever!

① good - best ② best - better ③ best - good
④ better - better ⑤ better - best

Write It Yourself

1 **그림을 보고, 음식 및 음료의 가격을 비교하는 문장을 완성하시오.** ⊙ 242009-0273

(1) Chocolate Cake is __________ __________ than Cheesecake.

(2) Carrot Cake is __________ __________ __________ of all the cakes.

(3) Orange Juice __________ __________ __________ Apple Juice.

2 **롤러코스터들을 비교한 표를 보고, 괄호 안의 말을 이용하여 문장을 완성하시오. (필요하면 형태를 바꿀 것)** ⊙ 242009-0274

	Ticket Price	Speed	Total Ride Time	Waiting Time
Thunder Mountain	3,000 won	50 km/h	3 min.	20 min.
Turbo Twister	4,000 won	70 km/h	4 min.	30 min.
Mega Adventure	3,500 won	80 km/h	2 min.	15 min.

(1) The ticket for Thunder Mountain is __________ __________ that of Turbo Twister. (cheap)

(2) Mega Adventure __________ __________ __________ of all the roller coasters. (fast)

(3) Turbo Twister has __________ __________ ride time among all the roller coasters. (long)

(4) The waiting time of Mega Adventure is __________ __________ that of Thunder Mountain's. (short)

Read and Think

정답과 해설 31쪽

다음 글을 읽고, 물음에 답하시오.

In Super City, the Super Family lives in the **tallest** tower. Dad is the **strongest**. He can even lift the **heaviest** things easily. Mom is the **fastest**. She can run **faster than** a cheetah. Big brother is the **smartest** person **in the city**. He knows many things and uses them to help others. Little sister is the __________ person. She always listens carefully to others. When people in the city need help, the Super Family works together and helps them.

1 **윗글의 빈칸에 들어갈 말로 알맞은 것은?** 242009-0275

① laziest
② bravest
③ saddest
④ most caring
⑤ most creative

서술형

2 **윗글의 밑줄 친 부분과 같은 뜻이 되도록 다음 문장을 완성하시오.** 242009-0276

Big brother is _________ than _________ _________ person in the city.

plus

tower 탑　even 심지어　lift 들어 올리다　cheetah 치타　carefully 주의 깊게　need ~이 필요하다

Unit 10 전치사

이것만은 꼭!

시간, 장소, 수단 등을 표현하고 싶을 때, (   )를 명사 앞에 사용하며, 전치사와 명사가 결합된 형태를 (   ) 또는 전명구라고 한다.

미리 살펴보는 핵심구문

- We have a lot of rain **in** summer.
- Steve and I met **at** 7 **in** the morning.
- There is a cat **on** the chair.
- The clinic is **next to** the bookstore.

미리 풀어보는 미니 O/X 퀴즈

	O	X
• 전치사는 혼자서 쓰일 수 없으며, 반드시 명사 앞에 와야 한다.	☐	☐
• in, on, at은 시간 전치사, 장소 전치사로 모두 쓰일 수 있다.	☐	☐
• 전치사 뒤에 대명사를 사용할 경우, 소유격을 써야 한다.	☐	☐
• 한 문장 내에서 전치사는 단 한 번만 쓸 수 있다.	☐	☐
• 전치사와 명사가 결합한 전치사구는 문장 맨 뒤에만 위치할 수 있다.	☐	☐

이것만은 꼭! 정답 전치사, 전치사구

미리 풀어보는 미니 O/X 퀴즈 정답 o, o, x, x, x

Grammar Point

1. 시간 전치사 I

in winter	**on** Monday	**at** seven

전치사란 명사 앞에 놓여서 시간, 장소, 수단 등을 나타내는 말로, 전치사와 명사가 결합된 형태를 전치사구라고 합니다. 즉, 문장 내에서 시간, 장소, 수단 등을 표현하고 싶다면, 알맞은 전치사와 명사를 함께 결합하여 사용하면 됩니다.

We studied **in** the morning. 우리는 아침에 공부했다.

The notebook **on** the table is mine. 탁자 위에 있는 공책은 내 것이다.

I went there **with** him **by** bus. 나는 그곳에 그와 함께 버스를 타고 갔다.

→ 전치사구는 한 문장에 2번 이상 사용하는 경우도 많으며, 전치사 뒤에 오는 대명사는 목적격의 형태로 씀

시간을 나타내는 전치사 중 in, on, at의 쓰임을 구분하여 잘 알아둘 필요가 있습니다.

in	on	at
아침, 오후, 저녁, 월, 연도, 계절	요일, 날짜, 특별한 날	시각, 식사 시간, 구체적인 특정 시점
in the morning / afternoon / evening **in** March **in** 2030 **in** summer	**on** Wednesday **on** November 30th **on** Christmas Day **on** New Year's Day	**at** 7 a.m. **at** noon / night / midnight **at** breakfast / lunch / dinner **at** that time

Check-up Exercises

정답과 해설 32쪽

1 시간을 나타내는 표현을 알맞은 전치사 칸에 쓰시오. ▶ 242009-0277

보기
breakfast the afternoon 10:30 September Parents' Day

in	on	at
	Monday	noon

2 빈칸에 in, on, at 중 알맞은 것을 쓰시오. ▶ 242009-0278

(1) I met an old friend ________ dinner last night.

(2) They visited a nice restaurant ________ their wedding anniversary.

(3) He came home ________ seven ________ the evening.

(4) We got married ________ August 15th ________ 2020.

plus

- Parents' Day 어버이날
- wedding anniversary 결혼기념일
- get married 결혼하다

2. 시간 전치사 Ⅱ

before lunch	**after** lunch	**for** two hours	**during** winter vacation

before	after	for	during
~ 전에	~ 후에	(+ 숫자) ~ 동안에	(+ 특정한 때나 기간, 사건, 행사) ~ 동안에, ~ 중에
before sunset **before** dinner **before** the exam	**after** school **after** breakfast **after** the movie	**for** three hours **for** a week **for** six months	**during** lunch time **during** the game **during** the festival

Check-up Exercises

정답과 해설 32쪽

1 괄호 안에서 알맞은 것을 고르시오. ▶ 242009-0279

(1) The trip to Busan is next week. I'll check the weather forecast (after / before) the trip.

(2) They talked on the phone (for / during) an hour.

(3) (For / During) the flight, she read a novel.

2 〈보기〉에서 알맞은 전치사를 골라 빈칸을 채우시오. ▶ 242009-0280

보기

in　on　at　before　after　for　during

(1) I write in my diary ________ thirty minutes ________ night.
(나는 밤에 30분 동안 일기를 쓴다.)

(2) She jogs early ________ the morning ________ work.
(그녀는 출근 전 이른 아침에 조깅을 한다.)

(3) He takes a nap ________ a shower ________ the weekend.
(주말 동안 그는 샤워 후에 낮잠을 잔다.)

(4) ________ New Year's Eve, we write thank-you letters ________ ten minutes. (새해 전날 우리는 10분 동안 감사 편지를 쓴다.)

plus

- weather forecast 일기 예보
- flight 비행
- novel 소설

- jog 조깅하다
- take a nap 낮잠을 자다
- New Year's Eve 새해 전날(12월 31일)

3. 장소 전치사 I

in Spain	**at** the corner	**on** the table

in	at	on
~에, ~ 안에	~에	~에, ~ 위에
비교적 넓은 영역, 장소, 공간의 내부 (도시, 국가, 마을, 하늘, 바다, 우주 등)	비교적 좁은 장소, 특정 지점이나 위치	표면 위
in Beijing **in** Mexico **in** Hanok Village **in** the river **in** the library **in** the kitchen	**at** the entrance / exit **at** the bus stop **at** the subway station **at** the Star Hotel **at** the concert **at** home / work / school	**on** the street **on** the floor **on** the wall **on** the table **on** the chair **on** the bed

plus at은 행사, 모임 등과 함께 쓰기도 합니다.
e.g. **at** the party 파티에서 **at** the meeting 회의에서

Check-up Exercises

정답과 해설 32쪽

1 괄호 안에서 알맞은 것을 고르시오.

242009-0281

(1) (In / On) England, people drive on the left.
(2) Look at the painting (on / at) the wall.
(3) He got rest (in / at) home yesterday.
(4) A bird is flying high (in / on) the sky.

plus
- painting 그림
- get rest 쉬다

2 빈칸에 in, on, at 중 알맞은 것을 쓰시오.

242009-0282

(1) I lost my smartphone __________ the party.
(2) My mother's office is __________ the second floor.
(3) Your glasses are __________ the table __________ the kitchen.
(4) She'll pick us up __________ the airport __________ Berlin.

- lose 잃어버리다
- floor 층
- pick up ~를 (차에) 태우다

4. 장소 전치사 Ⅱ

over the tree

under the tree

in front of the tree

behind the tree

over	under	in front of	behind
~ 위에	~ 아래에	~ 앞에	~ 뒤에
over the river	**under** the chair	**in front of** the building	**behind** the desk

plus on은 표면에 직접 접촉하거나 바로 위에 있을 때 사용하지만, over는 일정한 공간을 두고 위에 있을 때 사용합니다. over와 under는 움직임의 방향을 나타낼 때도 쓰입니다.
The birds fly **over** the clouds. 새들이 구름 위로 날아간다.
A stream flows **under** the bridge. 개울이 다리 밑으로 흐른다.

plus 그 밖에 장소를 나타내는 전치사로 between A and B(A와 B 사이에), next to(~ 옆에)가 있습니다.
between the chair **and** the desk 의자와 책상 사이
next to the hospital 병원 옆에

Check-up Exercises

정답과 해설 32쪽

1 그림과 일치하도록 〈보기〉에서 빈칸에 알맞은 말을 골라 쓰시오. 242009-0283

보기

on over under between

(1) There is a big bottle ________ the table.
(2) The table is ________ the two chairs.
(3) There is a cat ________ the table.

plus
• bottle 병

2 우리말과 같은 뜻이 되도록 빈칸에 알맞은 전치사를 쓰시오. 242009-0284

(1) The birds flew ____________ the city. (그 새들이 도시 위를 날았다.)
(2) Someone was standing ____________ me. (누군가 내 뒤에 서 있었다.)
(3) The bakery is ____________ the library. (그 빵집은 도서관 앞에 있다.)

Grammar Practice

1 **빈칸에 공통으로 들어갈 말로 알맞은 것은?** 242009-0285

- I usually get up ________ 7 a.m.
- I'll meet her ________ the subway station tomorrow morning.

① in ② at ③ on ④ to ⑤ for

2 **우리말과 같은 뜻이 되도록 빈칸에 들어갈 말이 바르게 짝지어진 것은?** 242009-0286

너는 식사 전에 손을 씻어야 해. 비누는 욕실 세면대 위에 있어.
→ You should wash your hands ________ meals. The soap is ________ the bathroom sink.

① for - on ② for - at ③ after - between
④ before - on ⑤ before - at

☆ 중요
3 **다음 중 밑줄 친 부분의 쓰임이 잘못된 것은?** 242009-0287

① He was born in 2009.
② Come back home before midnight.
③ He rolled a pen between his fingers.
④ On New Year's Day, we visit our grandparents.
⑤ My family lived in this town during five years.

4 **빈칸에 공통으로 들어갈 알맞은 전치사를 쓰시오.** 242009-0288

- They are sitting ________ the grass.
- Is the restaurant open ________ Sunday?

5 **빈칸에 알맞은 전치사를 〈보기〉에서 골라 쓰시오.** 242009-0289

보기
next to at on

(1) We went to the amusement park ________ Jane's birthday.
(2) We played fun games ________ Jane's birthday party.

plus

- meal 식사
- soap 비누
- bathroom sink 욕실 세면대

- be born 태어나다
- midnight 자정
- roll 돌리다, 굴리다

- grass 잔디밭

- amusement park 놀이공원

6 **대화의 빈칸에 알맞은 전치사를 쓰시오.** ⊙ 242009-0290

A: Is this your first time at our gym?
B: Yes, it is.
A: Please change into these workout clothes. Then, put your clothes ________ a locker and lock it.

plus
- gym 체육관
- workout clothes 운동복
- locker 사물함

☆ 중요

7 **빈칸에 들어갈 말이 같은 것끼리 짝지어진 것은?** ⊙ 242009-0291

(A) I cleaned the room ________ two hours, from 6 p.m. to 8 p.m.
(B) My mom always drinks coffee ________ the morning.
(C) Students are practicing dancing ________ the classroom.
(D) She arrived ________ home and called me.
(E) Are there many cars ________ the street?

① (A), (B) ② (A), (E) ③ (B), (C) ④ (C), (D) ⑤ (D), (E)

- practice 연습하다

8 **다음 밑줄 친 부분을 바르게 고쳐 쓰시오.** ⊙ 242009-0292

(1) I will go to the beach <u>at summer</u>. → ____________
(2) She traveled to Mongolia <u>for the winter vacation</u>. → ____________

- beach 해변, 바닷가
- Mongolia 몽골

9 **다음 문장에서 어법상 <u>틀린</u> 것을 찾아 바르게 고쳐 쓰시오.** ⊙ 242009-0293

He is lying down over the floor.

__________ → __________

- lie down 눕다
- floor 바닥

10 **대화의 내용으로 보아, 소금의 위치로 알맞은 것은?** ⊙ 242009-0294

A: Can you pass me the salt?
B: Sure. The container on the shelf?
A: No, that's sugar. The salt is under the shelf.
B: Ah, it's between the tomato sauce and the jam. Here it is.
A: Thank you.

① 선반 위 ② 선반 옆 ③ 설탕 위
④ 토마토 소스 아래 ⑤ 토마토 소스와 잼 사이

- container 용기, 그릇
- shelf 선반
- tomato sauce 토마토 소스

서술형

11 **우리말과 일치하도록 괄호 안의 말을 바르게 배열하시오.** ⊙ 242009-0295

(1) 저녁 식사 후에 밖으로 나가자.

→ Let's ________________________.

(dinner / go outside / after)

(2) 많은 사람들이 그 유명한 그림 앞에 서 있다.

→ Many people ________________________.

(the famous painting / standing / are / in front of)

plus

- go outside 밖으로 나가다
- famous 유명한

서술형

12 **우리말과 일치하도록 괄호 안의 말을 이용하여 문장을 완성하시오.** ⊙ 242009-0296

(1) We cannot ______ ______ ______ ______. (the exam, talk)

(우리는 시험 중에 말할 수 없어.)

(2) The girl ______ ______ ______ ______ my sister. (is, the tree)

(나무 뒤에 있는 소녀는 내 여동생이야.)

- exam 시험

13 **대화의 밑줄 친 ①~⑤ 중 어법상 옳은 것을 모두 고르면?** ⊙ 242009-0297

> He was born ① at Tokyo ② on 1995. He studied design ③ on college ④ in Spain ⑤ before marriage.

- marriage 결혼
- college 대학

14 **그림과 일치하지 않는 문장은?** ⊙ 242009-0298

① The cat is under the bench.
② Two girls are sitting on the bench.
③ The birds are flying over the trees.
④ The trees are in front of the benches.
⑤ The man between the benches is listening to music.

- sit 앉다

중요

15 **Mary의 어제 일과표 내용과 일치하지 않는 것은?** ⊙ 242009-0299

09:00 ~ 15:30	학교 수업
16:00 ~ 17:00	배드민턴 수업
17:30 ~ 18:00	샤워
18:00 ~ 19:00	저녁 식사
19:30 ~ 20:30	숙제
20:30 ~ 21:00	웹툰 보기

① Mary took a badminton lesson for an hour.
② Before the badminton lesson, Mary took a shower.
③ After the shower, Mary had dinner.
④ Mary started her homework at 19:30.
⑤ Mary read webtoons for 30 minutes.

- take a shower 샤워하다
- webtoon 웹툰

Write It Yourself

정답과 해설 34쪽

1 그림을 보고, 〈보기〉에서 알맞은 전치사를 골라 그림을 묘사하는 문장을 완성하시오. ▶ 242009-0300

보기
next to
at
in front of
on

Two students are waiting (1) __________ the bus stop. They are sitting (2) __________ the bench. A man is standing (3) __________ the trash bin. A girl is looking at her phone (4) ________________ the tree.

2 지도와 지역 축제 포스터를 보고, 〈보기〉에서 알맞은 표현을 골라 대화를 완성하시오. ▶ 242009-0301

Local Fair
@ Maple Park
Monday ~ Wednesday

Mon.	17:00 Opening 17:30 Mini Concert 19:00 Flea Market
Tue.	10:00 Local Food Fair 15:00 Short Films
Wed.	10:00 Photo Exhibition 15:00 Closing Event

보기

it	at	after	next to	Tuesday
5 p.m.	on	before	in front of	Wednesday

A: Excuse me, but I'm looking for Maple Park.
B: Ah, you're almost there. Go straight one block and turn right. It's (1) ______________ the bank.
A: Thank you. The Local Fair is there, right?
B: Right. Today is the first day. It starts (2) ______________
A: Oh, in 20 minutes. I want to look around the flea market.
B: You don't have to hurry. It starts (3) ______________ the mini concert.
A: Thanks a lot. The fair ends on Tuesday, right?
B: No, it ends (4) ______________.

*flea market 벼룩시장 **don't have to ~할 필요 없다

Read and Think

다음 글을 읽고, 물음에 답하시오.

Daniel and Eric live **in** the same town. Let's read about their favorite spot **in** the town.

Daniel : My favorite place **in** our town is the Hunger Burger. It is a new burger restaurant ⓐ in the corner of Pine Street. I usually go there ⓑ after school with my friends. They sell many tasty burgers. My favorite is the Classic Burger. It has fresh vegetables, a thick meat patty, and cheese ⓒ between two buns. Just one bite of it makes me really happy.

Eric : My favorite spot **in** town is the Sunflower Library. It is ⓓ on Cherry Street, **next to** the community center. Inside, there's a quiet study area. I often read books and do my homework there. The bookshelves are full of interesting novels and comics. This place becomes my escape, especially ⓔ during exam season.

1 윗글의 밑줄 친 ⓐ~ⓔ 중 쓰임이 잘못된 것은? ▶ 242009-0302

① ⓐ ② ⓑ ③ ⓒ ④ ⓓ ⑤ ⓔ

2 윗글의 내용과 일치하도록 빈칸에 알맞은 우리말을 쓰시오. ▶ 242009-0303

Daniel이 마을에서 가장 좋아하는 장소는 Hunger Burger이다. 그곳은 새로 생긴 (1) ________ (이)다. Classic Burger를 먹는 것이 그를 정말 (2) ________(하)게 만들어준다. Eric이 좋아하는 곳은 Sunflower Library이다. 그는 도서관의 조용한 (3) ________에서 자주 시간을 보낸다. 특히, 시험 기간 동안에, 도서관은 그의 (4) ________이(가) 되어준다.

plus

spot 장소 meat patty (햄버거 등에 들어가는) 고기 패티 bun 번, 동그란 빵 bite 한 입 community center 지역 주민 센터 area 공간 bookshelf 책장, 책꽂이 novel 소설 escape 도피처, 탈출 especially 특히 exam season 시험 기간

Unit 11

의문사와 의문문

이것만은 꼭!

구체적인 내용(누가, 무엇을, 언제, 어디서 등)을 물을 때는 (   )를 사용한 의문문을 쓰며, 구체적인 내용에 대한 답변이 나와야 하므로, (   ) / (   )로 답하지 않는다.

미리 살펴보는 핵심구문

- **Where is** your brother?
- **When does** the movie **start**?
- **Who made** this pie?
- **What color** do you like?
- **How many onions** are in the fridge?

미리 풀어보는 미니 O/X 퀴즈

	O	X
'무엇'인지 물을 때는 what, '누구'인지 물을 때는 who를 쓴다.	☐	☐
'어디'인지 물을 때는 when, '언제'인지 물을 때는 where를 쓴다.	☐	☐
의문사는 의문문 가장 앞에 위치한다.	☐	☐
「의문사+명사」가 결합되어 구체적인 내용을 묻는 경우도 있다.	☐	☐
의문사를 사용한 의문문에서 Yes/No로 답을 할 수도 있다.	☐	☐

이것만은 꼭! 정답 의문사, Yes, No
미리 풀어보는 미니 O/X 퀴즈 정답 O, X, O, O, X

Grammar Point

1. be동사의 의문사 의문문

Who is this boy?
He is my cousin.

의문사는 구체적인 내용을 물을 때 사용하는 말로, what(무엇), when(언제), how(어떻게), who(누구), where(어디에) 등이 있습니다.

be동사의 의문사 의문문 어순: 의문사+be동사+주어 ~?

의문사	be동사	주어 ~?	대답		
What(무엇)	**is**	your hobby?	It	is	**playing soccer**.
When(언제)	**is**	the next meeting?	It	is	**on Monday**.
How(어떻게)	**are**	you feeling today?	I	am	**tired**.
Who(누구)	**is**	the woman?	She	is	**my aunt**.
Where(어디에)	**is**	Tom?	He	is	**in the gym**.

plus 의문사가 있는 의문문은 구체적인 정보를 묻는 것이기 때문에 Yes/No로 대답하지 않습니다.

Check-up Exercises

정답과 해설 35쪽

1 괄호 안에서 알맞은 것을 고르시오. 242009-0304

(1) (What / Who) is the capital of France?

(2) (Where / When) is the next holiday?

(3) Where (is / are) my pants?

(4) Who (is your brother / your brother is)?

plus
- capital 수도
- holiday 휴일

2 각 질문에 알맞은 대답을 연결하시오. 242009-0305

(1) When is her birthday? •

(2) How was your trip? •

(3) What is your favorite color? •

(4) Where are my glasses? •

(5) Who were you talking to? •

• a. It was perfect.

• b. I was talking to Steve.

• c. It's April 5th.

• d. I love green.

• e. They are on the chair.

- perfect 완벽한
- trip 여행
- favorite 가장 좋아하는

2. 일반동사의 의문사 의문문

When does your bus leave?
It leaves at 5:30.
3:50
4:10
4:25
5:30
5:45
6:10

일반동사의 의문사 의문문 어순: 의문사+조동사+주어+동사원형 ~?

의문사	조동사	주어+동사원형 ~?	대답
What(무엇)	**will**	you **do** this weekend?	I'll **watch a movie**.
When(언제)	**does**	the class **start**?	It starts **at 10:30**.
How(어떻게)	**can**	I **help** you?	Please **carry these books**.
Who(누구)	**do**	you **live** with?	I live **with my grandmother and my parents**.
Where(어디에)	**does**	he **live**?	He lives **in Seoul**.

의문사가 주어인 의문문의 어순: 의문사(주어)+동사 ~?

의문사	동사	~?	대답
Who(누가)	**joined**	our team?	**Jane** joined us.
What(무엇이)	**makes**	you happy?	**Sweet desserts** make me happy.

Check-up Exercises

정답과 해설 35쪽

1 괄호 안에서 알맞은 것을 고르시오. 242009-0306

(1) Where (you found / did you find) it?
(2) When (the train arrives / does the train arrive)?
(3) (How / What) do you go to school?
(4) (Where / Who) teaches science this year?

plus
- arrive 도착하다
- science 과학

2 빈칸에 알맞은 말을 써서 대화의 질문을 완성하시오. 242009-0307

(1) A: ________ did you meet him? B: At the library.
(2) A: ________ may I help you? B: I'm looking for a shirt.
(3) A: ________ ________ he do on Sundays? B: He plays games.
(4) A: ________ ________ this picture? B: Kate took it.

- look for ~을 찾다
- take a picture 사진을 찍다

3.「의문사+명사」 의문문

What time do you have breakfast?
I have breakfast at 7:30.

형태	질문	대답
What+명사 (무슨[어떤] ~)	**What color** is your backpack?	It's **blue**.
	What movie did you watch?	I watched "**Frozen**."
Which+명사 (어느 ~)	**Which type of movie** do you want to watch, comedy or action?	I want to watch **a comedy**.
Whose+명사 (누구의 ~)	**Whose jacket** is this?	It's **my father's jacket**.

plus 「What+명사」는 정해진 범위 없이, 「Which+명사」는 정해진 범위 안에서 선택 사항을 물을 때 사용합니다. 따라서 「Which+명사」 의문문에서는 or를 사용하여 선택의 범위를 제한하는 경우가 많습니다.

plus which는 뒤에 명사 없이 '어느 것'이라는 뜻으로도 쓸 수 있습니다.
Which do you prefer, apples or bananas? 사과와 바나나 중 어느 것을 더 좋아하세요?

Check-up Exercises

정답과 해설 35쪽

1 괄호 안에서 알맞은 것을 고르시오. 242009-0308

(1) (What / Where) country do you want to visit?
(2) (Who's / Whose) phone is ringing?
(3) (Whose / What) kind of music do you like?
(4) (Whose / Which) season do you like more, summer or winter?

plus
- ring 울리다
- kind 종류
- season 계절

2 빈칸에 What, Which, Whose 중 알맞은 말을 써서 대화의 질문을 완성하시오. 242009-0309

(1) A: ________ textbook is on the table? B: It's Sarah's.
(2) A: ________ kind of music do you like? B: I like hip hop.
(3) A: ________ hand do you mainly use? B: The right one.
(4) A: ________ time does the movie start? B: At 2:30 p.m.

- textbook 교과서
- mainly 주로

4. 「의문사+형용사/부사」 의문문

How many sisters do you have?
I have two sisters.

「How + 형용사 / 부사」는 '얼마나 ~'란 뜻으로 수, 양, 가격, 정도 등을 물을 때 사용합니다.

형태		질문	대답
수	How many+셀 수 있는 명사 (얼마나 많은 수의 ~)	**How many apples** are in the basket?	There are **three apples**.
양	How much+셀 수 없는 명사 (얼마나 많은 양의 ~)	**How much water** do you drink a day?	I drink **two bottles of water**.
가격	How much (얼마 ~)	**How much** is this shirt?	It's **20,000 won**.
정도	How long / often / far 등 (얼마나 오래 / 자주 / 먼 ~)	**How long** is the movie?	It's **2 hours long**.
		How often do you go to the library?	**Once a week**.
		How far is the nearest hospital?	It's **500 meters away**.

Check-up Exercises

정답과 해설 35~36쪽

1 빈칸에 알맞은 말을 〈보기〉에서 골라 쓰시오. 242009-0310

보기

many much long far old

(1) How ________ books did you read this month?
(2) How ________ sugar do you want in your coffee?
(3) How ________ is the school from your house?
(4) How ________ did you stay in Paris?

2 빈칸에 알맞은 말을 써서 대화의 질문을 완성하시오. 242009-0311

(1) A: ______ ______ is your brother? B: He's 175 centimeters tall.
(2) A: ______ ______ time do you need? B: 10 minutes.
(3) A: ______ ______ do you play sports? B: Three times a week.
(4) A: ______ ______ friends came to the party? B: Five.

plus

- stay 머무르다
- need 필요하다

Grammar Practice

1 대화의 빈칸에 들어갈 말로 알맞은 것은? ▶ 242009-0312

A: You don't look so good. ________ is the problem?
B: I caught a bad cold.

① What ② Who ③ When ④ Where ⑤ Which

plus
- problem 문제
- catch a cold 감기에 걸리다

2 대화의 빈칸에 들어갈 말이 바르게 짝지어진 것은? ▶ 242009-0313

A: ________ did you come home last night?
B: At 9:30 p.m. I studied at the library.
A: It was late. ________ long were you there?
B: About 3 hours.

① How – What ② Where – How ③ Where – Which
④ When – How ⑤ When – Whose

- library 도서관
- there 거기에서
- about 약, 대략

☆ 중요

3 다음 중 밑줄 친 부분의 쓰임이 잘못된 것은? ▶ 242009-0314

① A: Whose eraser is this? B: It's mine.
② A: When does he work out? B: Twice a week.
③ A: What did you have for lunch? B: A cheeseburger.
④ A: How many students are in your class? B: Twenty three.
⑤ A: Where is the English classroom? B: It's on the 4th floor.

- eraser 지우개
- work out 운동하다
- floor 층

4 빈칸에 공통으로 들어갈 의문사를 쓰시오. ▶ 242009-0315

- ________ was your school trip to Jeju?
- ________ much is this white skirt?

- school trip 수학여행
- skirt 치마

5 대화의 빈칸에 들어갈 의문사를 각각 쓰시오. ▶ 242009-0316

A: (1) ___________ is our math test?
B: It's next Thursday.
A: Oh, (2) ___________ many chapters should we study?
B: Three chapters. Chapter 1 through 3.

- chapter 단원

6 **빈칸에 들어갈 말이 나머지 넷과 다른 하나는?** ▶ 242009-0317

① ________ told that story to you?
② ________ is our new history teacher?
③ ________ do you do in your free time?
④ ________ did he watch the movie with?
⑤ ________ will she invite to her birthday party?

plus
- history 역사
- free time 자유시간
- invite 초대하다

☆ 중요
7 **밑줄 친 부분을 바르게 고쳐 쓰시오.** ▶ 242009-0318

(1) How often he uses the taxi a month? → ________________
(2) Who do you prefer, soccer or baseball? → ________________

- use 사용하다
- prefer 선호하다

고난도
8 **대화의 빈칸에 들어갈 질문으로 알맞은 것은?** ▶ 242009-0319

A: ________________
B: She broke her phone.

① What is she doing now?
② Who broke the window?
③ What made her so angry?
④ Where did she go yesterday?
⑤ Whose phone is on the table?

- break 깨다, 고장 내다

9 **대화의 빈칸에 들어갈 대답으로 알맞은 것은?** ▶ 242009-0320

A: How much free time do you have after school?
B: ________________

① At home.
② About two hours.
③ Computer games.
④ After ten minutes.
⑤ Three times a week.

10 **다음 중 짝지어진 대화가 어색한 것은?** ▶ 242009-0321

① A: How is the weather? B: It's rainy.
② A: Where is the bank? B: Next to the hospital.
③ A: Who made this pizza? B: My father made it.
④ A: When does the train leave? B: In ten minutes.
⑤ A: What class do you have next? B: Four classes.

- rainy 비 오는
- leave 떠나다, 출발하다

서술형

11 우리말과 같은 뜻이 되도록 괄호 안의 말을 바르게 배열하시오. 242009-0322

(1) 너는 이번 주말에 무엇을 할 거니?

→ ______________________________?

(this weekend / you / are / going to / do / what)

(2) 얼마나 많은 돈이 우리는 필요하니?

→ ______________________________?

(do / much / money / how / we / need)

plus
- need 필요하다

서술형

12 우리말과 같은 뜻이 되도록 주어진 동사를 이용하여 의문문을 완성하시오. 242009-0323

(1) ______ ______ ______ ______, milk or juice? (like)

(Mike는 우유와 주스 중 어느 것을 좋아하니?)

(2) ______ ______ ______ ______ this cap? (buy)

(너는 이 모자를 어디에서 샀니?)

- cap 모자
- buy 사다

13 대화의 밑줄 친 ①~⑤ 중 어법상 틀린 것은? 242009-0324

A: Did you ① hear the news? Minsu will ② come back from America.
B: Oh, I ③ didn't know that. ④ When ⑤ he will come back?
A: Next month.

- news 소식
- come back 돌아오다

서술형

14 괄호 안의 말과 알맞은 의문사를 이용하여 대화의 질문을 완성하시오. 242009-0325

A: ______________________ these pants? (try on, I, can)
B: Right behind you, next to the mirror.

- try on 입어보다
- mirror 거울

15 대화의 밑줄 친 ①~⑤ 중 흐름상 어색한 것은? 242009-0326

A: Mom, ① we're going to visit Grandma and Grandpa this Sunday, right?
B: Yes, we are, Jenny. ② Are you ready for it?
A: Yes! ③ How will we get there?
B: By bus or train.
A: ④ Whose one is faster?
B: ⑤ The train is faster than the bus.

- faster 더 빠른

Write It Yourself

정답과 해설 37~38쪽

1 **〈보기〉에서 알맞은 말을 골라, 다음 대화를 완성하시오.** 242009-0327

보기
who
what
where
book
are
wrote

Peter　　: Excuse me, but (1) ________ ________ the sci-fi books?
Librarian: They're on the second shelf on the right. (2) ________ ________ ________ you looking for?
Peter　　: I'm looking for *The Martian*.
Librarian: There are three books with the same title. (3) ________ ________ it?
Peter　　: Anna Lee. Do you have it?
Librarian: Let me check. Yes, we have it.

*sci-fi 공상과학(science fiction) **shelf 선반, 책장

2 **Hannah의 방학 생활 계획표를 보고, 괄호 안의 말을 이용하여 대화를 완성하시오.** 242009-0328

Hannah: Mom, I made my schedule for the winter vacation!
Mom　 : Wow, it looks great. Can you tell me about it? (1) ________ ________ are you going to get up? (time)
Hannah: I'm going to get up at 8.
Mom　 : Oh, then, (2) ________ ________ you going after breakfast? (are)
Hannah: I'm going to the library for my volunteer work.
Mom　 : (3) ________ ________ are you going to stay there? (long)
Hannah: For 2 hours.
Mom　 : (4) ________ ________ are you going to take after lunch? (lesson)
Hannah: I'm planning to take the taekwondo lesson.

8~9시	기상 및 아침 식사
9~11시	도서관 봉사 활동
11~12시	휴식
12~13시	점심 식사
13~15시	태권도 수업
15~17시	방학 숙제
17~18시	컴퓨터 게임
18~19시	저녁 식사
19~21시	독서 / 일기

Read and Think

정답과 해설 38쪽

다음 글을 읽고, 물음에 답하시오.

In this month's school magazine, our student reporter, Tim, interviewed Mr. Kim, our new P.E. teacher.

Tim : Hello, Mr. Kim. Thank you for taking the time for this interview. Let me start with the first question. **When** did you decide to be a P.E. teacher?

Mr. Kim: Hi, Tim. It was in middle school. My middle school baseball team coach was my role model. I dreamed of being a good teacher like him.

Tim : Wow, that's great. 선생님께서는 어떤 스포츠를 가르치는 것을 가장 좋아하시나요?

Mr. Kim: Soccer, because it teaches students teamwork and quick thinking.

Tim : I also like soccer. My last question is: **Where** did you teach before coming to our school?

Mr. Kim: I taught in a high school in Busan for five years.

1 **윗글의 Mr. Kim에 관한 설명으로 알맞은 것은?** ▶ 242009-0329

① 유명한 신문사와 인터뷰를 했다.
② 올해 학교를 떠나는 체육 선생님이다.
③ 중학교 축구팀 코치가 롤 모델이었다.
④ 야구를 가르치는 것을 좋아한다.
⑤ 부임하기 전 부산의 한 고등학교에 있었다.

서술형

2 **윗글의 밑줄 친 우리말에 알맞게 빈칸을 완성하시오.** ▶ 242009-0330

→ __________ sport __________ you love teaching the most?

plus

magazine 잡지 student reporter 학생 기자 P.E. 체육 take the time 시간을 내다 decide 결심하다 dream of ~을 꿈꾸다 quick thinking 민첩한 사고

Unit 12 다양한 문장

이것만은 꼭!

상대방에게 명령, 요구 등을 할 때는 주어인 you를 생략하고, [　　　　] 으로 문장을 시작하며, 이를 [　　　　] 이라고 한다. 이 밖에, 제안문, 부가의문문, 감탄문과 같은 다양한 문장 형태가 있고, 각 문장의 어순 등을 잘 파악하는 것이 중요하다.

미리 살펴보는 핵심구문

- **Turn off** your cell phone.
- **Don't move** this box.

- **Let's go** to see a movie.
- **How about going** to see a movie?

- Miller is your teacher, isn't he?
- He lost the bag, **didn't he?**

- **What a great idea (it is)!**
- **How kind (he is)!**

미리 풀어보는 미니 O/X 퀴즈

	O	X
「Don't+동사원형 ~.」은 '~하지 마시오.'라는 뜻으로, 부정 명령문이라고 한다.	☐	☐
제안이나 권유의 말을 할 때, 「Let's+동사원형 ~.」 대신에 「Shall we+동사원형 ~?」으로 표현하기도 한다.	☐	☐
제안이나 권유의 말에 Why not?으로 답하면 거절의 의미이다.	☐	☐
부가의문문은 상대방의 동의를 구하거나, 사실 확인을 위해 문장 끝에 짧게 덧붙이는 의문문을 말한다.	☐	☐
감탄문은 what 또는 how를 이용할 수 있고, 둘 중 어느 것을 이용해도 어순은 동일하다.	☐	☐

이것만은 꼭! 정답 동사원형, 명령문
미리 풀어보는 미니 O/X 퀴즈 정답 O, O, X, O, X

Grammar Point

1. 명령문

Fasten your seat belt.

Turn off your cell phone.

명령문은 상대방에게 명령, 요구, 충고를 할 때 쓰는 문장으로, 주어(you)를 생략하고 동사원형으로 시작합니다.

	형태	뜻	예문
긍정 명령문	동사원형 ~.	~해라.	**Open** the window.
부정 명령문	Do not[Don't] / Never+동사원형 ~.	~하지 마라.	**Don't play** with scissors.

명령문 뒤에 and 또는 or를 사용하여 나타낼 수 있습니다.

형태	뜻	예문
명령문, and+주어+동사 ~.	~해라, 그러면 …할 것이다.	**Study hard, and** you will pass the exam.
명령문, or+주어+동사 ~.	~해라, 그렇지 않으면 …할 것이다.	**Hurry up, or** you will miss the train.

Check-up Exercises

정답과 해설 39쪽

1 괄호 안에서 알맞은 것을 고르시오. ▶ 242009-0331

(1) (Write / Wrote) your name here.

(2) During class, (turn / turning) off your cell phone.

(3) (Don't stay / Doesn't stay) up too late.

(4) (Don't / Don't be) late for school.

plus

- turn off 끄다
- stay up late 늦게까지 안 자고 깨어 있다

2 자연스러운 문장이 되도록 서로 연결하시오. ▶ 242009-0332

(1) Save your money, •   • a. or you will wake the baby.

(2) Finish your homework, •   • b. and you can buy her a nice present.

(3) Turn off the lights, •   • c. or you will catch a cold.

(4) Wear your coat, •   • d. and you can watch TV.

(5) Keep quiet, •   • e. and you can save electricity.

- wake 깨우다
- electricity 전기

2. 제안문

Let's order a pizza and a salad.
Good idea!

제안문은 상대방에게 제안이나 권유할 때 쓰는 문장으로 Let us의 줄임말인 Let's를 사용합니다.

형태	뜻	예문
Let's+동사원형 ~.	(우리) ~하자.	**Let's** watch a movie tonight.
Let's not+동사원형 ~.	(우리) ~하지 말자.	**Let's not** skip breakfast.

상대방의 제안에 응답할 때는 다음과 같은 표현을 사용하여 승낙 또는 거절할 수 있습니다.

승낙	Yes. / Sure. / Okay. / Good idea. / That sounds great. / Why not?
거절	No, let's not. / I'm sorry, but I can't.

plus 「Let's+동사원형 ~.」은 「Shall we+동사원형 ~?」, 「Why don't we+동사원형 ~?」, 「How[What] about+동사-ing ~?」로 바꿔 쓸 수 있습니다.

e.g. Let's watch TV.=Shall we watch TV?=Why don't we watch TV?=How about watching TV?

Check-up Exercises

정답과 해설 39쪽

1 괄호 안에서 알맞은 것을 고르시오. 242009-0333

(1) Let's (join / joins) our school band.

(2) (Not let's / Let's not) drink too much soda.

(3) Shall we (to study / study) for the exam together?

(4) Why don't we (bake / baking) a cake for Tom's birthday?

2 빈칸에 알맞은 말을 〈보기〉에서 골라 문장을 완성하시오. 242009-0334

보기

Let's　　Let's not　　Shall　　How about

(1) The park is really crowded. ______________ play soccer there.

(2) I'm getting hungry. ______________ we go out for lunch?

(3) ______________ drink enough water. It's good for our health.

(4) We worked for 3 hours. ______________ taking a break?

plus

- school band 학교 밴드
- soda 탄산음료

- crowded 붐비는
- enough 충분한
- take a break 잠깐 쉬다

3. 부가의문문

You're hungry, aren't you?

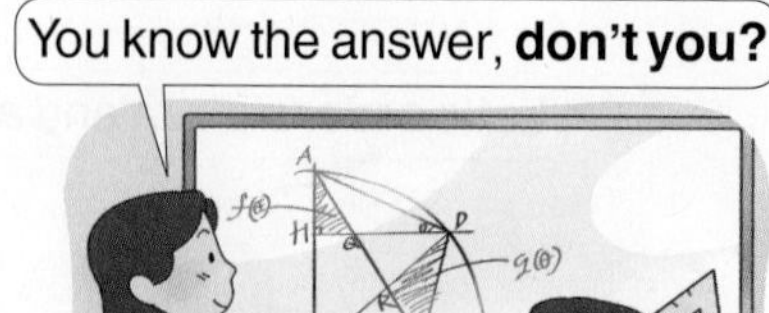

You know the answer, don't you?

부가의문문은 상대방의 동의를 구하거나 사실 확인을 위해 평서문 뒤에 붙이는 짧은 의문문입니다. 평서문이 긍정문이면 부가의문문은 부정의 형태가 되고, 평서문이 부정문이면 부가의문문은 긍정의 형태가 됩니다.

부가의문문의 형태	평서문, 동사 + 주어(대명사)?	• 앞 문장이 긍정문일 때, 부가의문문은 부정 • 앞 문장이 부정문일 때, 부가의문문은 긍정
부가의문문의 동사	be동사, 조동사 → 그대로 일반동사 → do[does/did]	

James **was** at home yesterday, **wasn't he?** James는 어제 집에 있었지, 그렇지 않니?

Peter **loves** chocolate, **doesn't he?** Peter는 초콜릿을 좋아하지, 그렇지 않니?

plus 부가의문문은 평서문 동사의 동작이나 상태를 긍정하면 Yes, 부정하면 No로 응답합니다.

e.g. A: She **doesn't eat** meat, **does she?**

B: Yes, she does. (긍정, She eats meat.의 의미) / No, she doesn't. (부정, She doesn't eat meat.의 의미)

명령문의 부가의문문은 「~, will you?」로 쓰고, 제안문의 부가의문문은 「~, shall we?」로 씁니다.

Clean your room, **will you?** 네 방을 청소해라, 그렇게 할래?

Let's go shopping, **shall we?** 쇼핑하러 가자, 그렇게 할까?

Check-up Exercises

정답과 해설 39쪽

1 괄호 안에서 알맞은 것을 고르시오. 242009-0335

(1) These are Harry's glasses, (are / aren't / don't) they?

(2) You used the computer last night, (don't / didn't / aren't) you?

(3) Pick up the trash, (will / are / don't) you?

(4) Let's change the plan, (don't / won't / shall) we?

 plus

• pick up the trash 쓰레기를 줍다

2 각 질문에 대한 응답을 우리말에 맞게 완성하시오. 242009-0336

(1) A: You're busy after school, aren't you?

B: ________, I ________ ________. (나는 바쁘지 않아.)

(2) A: He can't ski, can he?

B: ________, he ________. (그는 스키를 탈 수 있어.)

• ski 스키를 타다

4. 감탄문

What a great concert!
How loudly people cheer!

감탄문은 기쁨, 놀라움, 슬픔 등의 감탄을 나타내며 문장 끝에 느낌표(!)를 씁니다. 감탄문은 What 또는 How로 시작할 수 있으며, 문장 내 「주어+동사」는 생략할 수 있습니다.

유형	어순
What으로 시작하는 감탄문	What+(a/an)+형용사+명사+(주어+동사)! └→ 복수명사나 셀 수 없는 명사일 경우 a/an을 쓰지 않음
How로 시작하는 감탄문	How+형용사/부사+(주어+동사)!

What a lovely dress (it is)! 그것은 정말 사랑스러운 드레스구나!
What a great view (it has)! 그것은 정말 대단한 전망을 가졌구나!
How cold (it is)! 정말 춥구나!
How fast (he runs)! 그는 정말로 빨리 달리는구나!

Check-up Exercises

정답과 해설 39쪽

1 빈칸에 What 또는 How를 넣어서 문장을 완성하시오. ▶ 242009-0337

(1) ________ a smart idea you have! (2) ________ nice cars they drive!
(3) ________ heavy this box is! (4) ________ well she sings!

2 괄호 안의 말을 이용하여 다음 문장을 완성하시오. ▶ 242009-0338

(1) 나는 정말 흥미로운 책을 읽었구나! (what, interesting)
→ ________ ________ ________ ________ I read!

(2) 시간이 정말 빨리 가는구나! (fast)
→ ________ ________ time flies!

(3) 이 소스는 정말 맵구나! (spicy)
→ ________ ________ this sauce is!

(4) 그는 정말 웃긴 농담을 하는구나! (what, funny)
→ ________ ________ ________ ________ he tells!

plus

- smart 똑똑한
- drive 운전하다
- interesting 흥미로운
- fly 날다, 나는 것처럼 아주 빨리 가다
- tell a joke 농담을 하다

Grammar Practice

1 **빈칸에 들어갈 말로 알맞은 것은?** ▶ 242009-0339

Pack your bag now, ________ you'll be late for the trip.

① and ② or ③ so
④ but ⑤ nor

plus
- pack 짐을 싸다
- trip 여행

2 **대화의 빈칸에 들어갈 말이 바르게 짝지어진 것은?** ▶ 242009-0340

A: ________ go see a movie tonight.
B: That sounds great. We don't have homework, ________ we?
A: No, we don't.

① Shall – do ② Shall – don't
③ Let's – do ④ Let's – don't
⑤ Let's – are

- go see a movie 영화 보러 가다

☆ 중요
3 **밑줄 친 부분이 어법상 틀린 것은?** ▶ 242009-0341

① Why don't we taking a break?
② How loudly they are laughing!
③ What an exciting game I played!
④ Don't forget your ID and password.
⑤ He doesn't know the answer, does he?

- loudly 큰 소리로
- password 비밀번호

4 **빈칸에 공통으로 들어갈 알맞은 말을 쓰시오.** ▶ 242009-0342

- Don't run in public places, ________ you?
- He won't come to the party, ________ he?

- public place 공공장소

5 **대화의 빈칸에 들어갈 알맞은 말을 쓰시오.** ▶ 242009-0343

A: It's going to rain today. Let's (1)________ go out.
B: Okay. Then, (2)________ we play video games instead?
A: Sounds good.

- instead 대신에

고난도

6 빈칸에 들어갈 말이 나머지 넷과 다른 하나는? ▶ 242009-0344

① ________ great scores he got!
② ________ a terrible traffic jam!
③ ________ brightly the star shines!
④ ________ many guests she invited!
⑤ ________ wonderful friends you have!

plus
- score 점수
- traffic jam 교통체증
- brightly 밝게

7 밑줄 친 부분을 바르게 고쳐 쓰시오. ▶ 242009-0345

(1) Minsu plays soccer very well, doesn't Minsu? → ____________
(2) Using this map, and you won't get lost. → ____________
(3) How the students brave are! → ____________

- get lost 길을 잃다
- brave 용감한

8 대화의 빈칸에 들어갈 응답으로 알맞은 것은? ▶ 242009-0346

A: Linda isn't in our group chat room, is she?
B: ____________________ I'm going to invite her.

① Yes, she is. ② Yes, she does. ③ No, she is.
④ No, she isn't. ⑤ No, she doesn't.

- group chat room 단체 채팅방
- invite 초대하다

9 대화의 빈칸에 들어갈 말로 알맞지 않은 것은? ▶ 242009-0347

A: ____________________
B: Why not? Let's go.

① Let's eat out.
② Shall we go shopping?
③ Why don't we play outside?
④ Go straight two blocks and turn left.
⑤ What about going to the new restaurant?

- eat out 외식하다

10 다음 중 짝지어진 대화가 어색한 것은? ▶ 242009-0348

① A: Turn down the music. B: Sure.
② A: You're tired, aren't you? B: Yes, I am.
③ A: Let's go for a bike ride. B: Sorry, but I can't.
④ A: Don't use the flash here. B: Okay, I'll turn it off.
⑤ A: What a beautiful dress you're wearing! B: No problem.

- flash (카메라의) 플래시

서술형

11 우리말과 같은 뜻이 되도록 괄호 안의 말을 바르게 배열하시오. 242009-0349

(1) 소셜미디어에 시간을 낭비하지 말자.

(not / waste / on social media / let's / time)

→ ________________________________.

(2) 그 고양이는 정말로 높이 뛰어! (the cat / high / jumps / how)

→ ________________________________!

plus

• waste 낭비하다
• social media 소셜미디어(SNS)

서술형

12 우리말과 같은 뜻이 되도록 주어진 동사를 이용하여 문장을 완성하시오. 242009-0350

(1) ________ ________, ________ you can catch the bus. (hurry)
(서둘러라, 그러면 버스를 잡을 수 있다.)

(2) You ________ ________ early yesterday, ________ ________? (fall asleep)
(너 어제 일찍 잠들었지, 그렇지 않니?)

• hurry 서두르다
• fall asleep 잠들다

[13-14] 대화를 읽고, 물음에 답하시오.

A: (A) 날씨가 정말 좋구나!
B: Yeah, it's really sunny and warm. Let's go on a picnic to the Han River, ________ (B) ________?
A: Sounds perfect.

'날씨'를 뜻하는 weather는 셀 수 없는 명사이며 날씨에 대해 말할 때는 비인칭주어 it을 사용합니다.

• go on a picnic 소풍 가다

서술형

13 밑줄 친 우리말 (A)를 주어진 단어를 활용하여 감탄문으로 쓰시오. 242009-0351

→ What ________ ________ ________ ________! (weather, nice, it)

14 빈칸 (B)에 들어갈 말로 알맞은 것은? 242009-0352

① will you ② shall we ③ won't we
④ don't we ⑤ aren't we

15 밑줄 친 ①~⑤ 중 어법상 틀린 것은? 242009-0353

Follow this recipe, ① or you can make pasta easily. First, ② boil water in a large pot. Second, ③ put a little salt and pasta noodles in the pot. Third, cook it for 8-10 minutes. Lastly, pour out the water and ④ add your favorite sauce. ⑤ How simple!

• boil 끓이다
• pour out 쏟아내다
• add 추가하다
• simple 간단한

정답과 해설 41쪽

1 **그림을 보고, 〈보기〉의 동사를 이용하여 선생님이 하는 말을 완성하시오. (명령문으로 쓸 것)** ⊙ 242009-0354

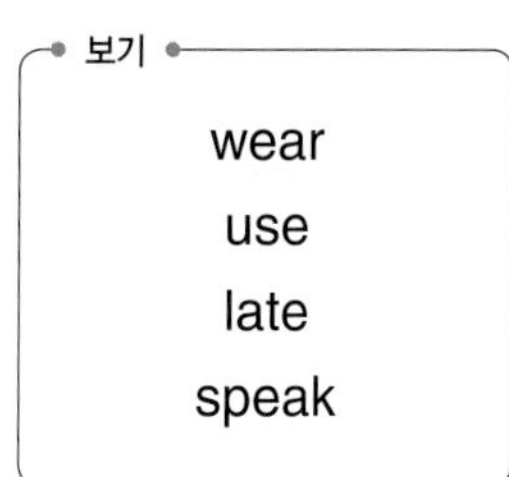

Hello, welcome to Hanguk Middle School. Let me explain some important school rules. First, you can bring your cell phone to school. But (1)______ ______ it during class. Second, always be on time. (2)______ ______ ______ for school and class. Third, (3)______ your school uniform properly. Fourth, respect your teachers and classmates. Listen carefully and (4)______ politely to them.

*properly 올바르게 **politely 예의 바르게

2 **〈보기〉의 단어를 이용하여 영화 포스터에 대한 대화를 완성하시오. ([ ]의 문장 형태로 만들 것)** ⊙ 242009-0355

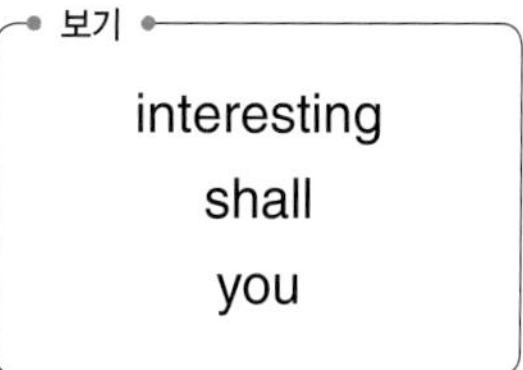

A: Wow, the new movie *The Driver* is coming out soon!

B: Oh, what type of movie is it?

A: Thriller. You love thrillers, (1)_________ _________? [부가의문문]

B: Yes, I do. What's it about?

A: It's about a self-driving car. It takes people to unknown destinations.

B: (2)_________ _____________ it sounds! [감탄문] When does the movie come out?

A: Next Wednesday. (3)_________ _________ go see it together? [제안문]

B: Sure. I can't wait.

*self-driving car 자율 주행 자동차 **unknown destination 알 수 없는 목적지

다음 글을 읽고, 물음에 답하시오.

Finally, our new amusement park, Magic Kingdom, is open. It's a world of fun and adventures. There's even a giant roller coaster. It has an amazing speed! So, you'll have to hold the handle bar tight. In addition to exciting rides, you can enjoy delicious foods and snacks in the park. You must try our cotton candy. It tastes so sweet. You'll love everything here, **won't you?** It's quite hot and sunny these days. So, **don't forget** your hat and sunscreen when you visit. **Come** to the park for fun and excitement. **See** you at the park!

1 윗글의 광고 내용과 일치하지 않는 것은? ▶ 242009-0356

① 새로 개장한 놀이공원의 이름은 Magic Kingdom이다.
② 커다란 롤러코스터가 있다.
③ 롤러코스터의 속도는 매우 빠르다.
④ 놀이공원 근처의 식당가에서 맛있는 음식과 간식을 즐길 수 있다.
⑤ 방문 시 모자와 자외선 차단제를 가져오는 것이 좋다.

서술형

2 밑줄 친 문장을 What으로 시작하는 감탄문으로 바꿔 쓰시오. ▶ 242009-0357

→ What ___________ ___________ ___________ ___________ ___________!

plus

amusement park 놀이공원 adventure 모험 hold tight 단단히[꽉] 잡다 in addition to ~뿐만 아니라 ride 놀이기구 sunscreen 자외선 차단제 excitement 신남, 흥분

Review Test 2

이것만은 자신 있게!

아래 우리말을 영작하시오.

1 이것은 나의 연필이다. 저것은 너의 것이다. ______________________

2 그녀는 절대 커피를 마시지 않는다. ______________________

3 Robin은 Peter보다 더 키가 크다. ______________________

4 그 작은 장난감은 의자 아래에 있었다. ______________________

5 너의 아버지는 어디에 계시니? ______________________

6 그는 우유를 좋아하지, 그렇지 않니? ______________________

미리 점검해 보는 미니 테스트

각 문장이 어법상 옳으면 R에, 틀리면 W에 ✓표시하시오.

	R	W
1 She has a lot of hobbys.	☐	☐
2 Tracy is not never late for school.	☐	☐
3 He is one of the most famous singers in Korea.	☐	☐
4 During a week, the family stayed in Lisbon.	☐	☐
5 Who called you last night?	☐	☐
6 What about go shopping together?	☐	☐

이것만은 자신 있게! 정답 1 This is my pencil. That is yours. 2 She never drinks coffee. 3 Robin is taller than Peter (is). 4 The small toy was under the chair. 5 Where is your father? 6 He likes milk, doesn't he?

미리 점검해 보는 미니 테스트 정답 1 W 2 W 3 R 4 W 5 R 6 W

1 ▶ 242009-0358

빈칸에 들어갈 말로 알맞지 않은 것은?

> There are ____________ people in the new Italian restaurant.

① some ② many ③ much
④ lots of ⑤ a lot of

2 ☆ 중요 ▶ 242009-0359

빈칸에 공통으로 들어갈 말로 알맞은 것은?

> • He told me ________ interesting story.
> • I was in the auditorium ________ hour ago.

① a ② an ③ the
④ many ⑤ much

3 ▶ 242009-0360

빈칸에 알맞은 인칭대명사를 쓰시오.

> I have a daughter. She is thirteen. She and I have many things in common. She always makes me happy. I love __________ a lot.

4 서술형 ▶ 242009-0361

주어진 단어를 이용하여 세 학생을 비교하는 문장을 완성하시오.

	Joshua	Eric	Scott
height	170cm	165cm	175cm

(1) Joshua is __________ __________ Eric. (tall)
(2) Scott is __________ __________ student of the three. (tall)

5 ▶ 242009-0362

밑줄 친 말 대신 쓸 수 없는 것은?

> My brother's smartphone is <u>much</u> more expensive than mine.

① far ② even ③ very
④ still ⑤ a lot

6 ▶ 242009-0363

짝지어진 단어의 관계가 나머지 넷과 다른 것은?

① I – mine ② you – yours
③ they – theirs ④ she – hers
⑤ we – our

7 고난도 ▶ 242009-0364

밑줄 친 부분이 어법상 옳은 것은?

① Tony lives in Toronto, <u>wasn't he</u>?
② She is having breakfast, <u>isn't she</u>?
③ Jenny can't speak Spanish, <u>can they</u>?
④ Your parents were not angry, <u>did they</u>?
⑤ You went camping last week, <u>don't you</u>?

8 ▶ 242009-0365

대화에서 밑줄 친 말의 의도로 알맞은 것은?

> A: I'm so excited to be here.
> B: Me too. What are we going to do first?
> A: Why don't we ride waterslides first?
> B: <u>That sounds great.</u>

① 승낙 ② 축하 ③ 거절
④ 사과 ⑤ 감사

9 ☆ 중요 ▶ 242009-0366

밑줄 친 명사의 철자가 틀린 것은?

① The babies cried a lot.
② I need a few potatoes.
③ You should brush your teeth.
④ We can see colorful leafs in autumn.
⑤ Many students joined the soccer club.

10 ▶ 242009-0367

어법상 틀린 부분을 찾아 바르게 고쳐 쓰시오.

David finished his homework last night, doesn't he?

________ → ________

11 ▶ 242009-0368

대화의 빈칸에 들어갈 말이 순서대로 바르게 짝지어진 것은?

A: ________ time does the movie start?
B: It starts at 3:30.
A: Okay. ________ are we going to meet?
B: Let's meet in front of the snack bar.

① What - When
② What - Where
③ When - Where
④ When - What
⑤ Where - When

[12-13] 우리말과 같은 뜻이 되도록 빈칸에 알맞은 말을 쓰시오.

12 ▶ 242009-0369

우리는 마감일 전에 이 보고서를 끝내야만 한다.
→ We have to finish this report ________ the deadline.

13 ▶ 242009-0370

그 고양이는 소파 뒤에 숨어 있다.
→ The cat is hiding ________ the couch.

14 ▶ 242009-0371

밑줄 친 부분의 쓰임이 나머지와 다른 것은?

① It's 10:45.
② It's Sunday.
③ It's December 26th.
④ It's not sunny today.
⑤ It's not my backpack.

15 ▶ 242009-0372

밑줄 친 단어의 위치가 바르지 못한 것은?

① She skips usually breakfast.
② The bank is always crowded.
③ Jay will never call you again.
④ I often visit my grandparents.
⑤ You can sometimes use my phone.

16 서술형 ▶ 242009-0373

우리말과 같은 뜻이 되도록 주어진 단어를 활용하여 문장을 완성하시오.

그것이 가장 어려운 질문이었다.
→ It was ______________________.
(difficult)

17 ▶ 242009-0374

빈칸에 들어갈 말로 알맞지 않은 것은?

My new friend, Jack, is from Los Angeles. He is very ____________.

① tall ② nice ③ smart
④ slowly ⑤ friendly

18 ☆ 중요 ▶ 242009-0375

빈칸에 알맞은 전치사를 〈보기〉에서 골라 쓰시오.

보기
at on in

(1) She was born ________ April 10th.
(2) We often go skiing ________ winter.
(3) I usually wake up ________ 6:30 a.m.

19 고난도 서술형 ▶ 242009-0376

두 문장의 의미가 같도록 빈칸에 알맞은 말을 쓰시오.

Sarah is the smartest student in my class.
= Sarah is ________ ________ ________ ________ student in my class.

20 ▶ 242009-0377

밑줄 친 ①~⑤ 중 어법상 틀린 것은?

Bob is(①) one(②) of the(③) most(④) famous actor(⑤) in the world.

21 ▶ 242009-0378

밑줄 친 말 대신 쓸 수 있는 것은?

A: Don't forget to charge your phone.
B: Okay, I won't.

① Do ② Not ③ You
④ Never ⑤ Nothing

22 ▶ 242009-0379

다음 중 짝지어진 대화가 어색한 것은?

① A: Where were you?
B: I was in the bathroom.
② A: What's your favorite subject?
B: My favorite subject is math.
③ A: How can I get to the city hall?
B: Go straight and turn right at the corner.
④ A: When is the lunch time?
B: At the Korean restaurant.
⑤ A: Why did you cancel your trip?
B: Because I was sick.

[23-24] 우리말과 같은 뜻이 되도록 괄호 안에 주어진 어구를 알맞게 배열하여 문장을 완성하시오.

23 서술형 ⊙ 242009-0380

전깃불 끄는 것을 잊지 말자.

→ ____________________.

(forget to / the lights / let's / turn off / not)

24 서술형 ⊙ 242009-0381

그건 정말 흥미로운 주제구나!

→ ____________________!

(topic / is / it / an / what / interesting)

25 고난도 ⊙ 242009-0382

밑줄 친 전치사를 어법에 맞게 고쳐 쓰시오.

My uncle is traveling around the world. Now, he is (1) <u>at</u> Paris. He's going to visit the Eiffel Tower and enjoy the night view. He will move to London next week. He is going to stay there (2) <u>during</u> three days. He will come back to Korea (3) <u>in</u> May 15th.

(1) at → __________

(2) during → __________

(3) in → __________

26 ⊙ 242009-0383

그림 속 여자아이의 행동과 위치를 묘사하는 문장을 완성하시오.

She is standing __________ the mirror.

27 ⊙ 242009-0384

대화의 빈칸에 알맞은 말을 쓰시오.

A: How __________ do you go to the library?

B: Twice a week.

28 ⊙ 242009-0385

빈칸에 들어갈 말이 순서대로 바르게 짝지어진 것은?

- Hurry up, __________ you'll be late.
- Turn left at the corner, __________ you'll find the store.

① or - or
② or - and
③ and - or
④ and - but
⑤ but - but

29 고난도 ◘ 242009-0386

다음 중 어법상 옳은 문장을 모두 고른 것은?

a. Michael runs the fastest in his class.
b. Health is most important than money.
c. Jenny is the youngest person in her family.
d. He is smarter than any other boys in this town.

① a, b ② a, c ③ b, d
④ b, c, d ⑤ a, c, d

[30-31] 다음 글을 읽고, 물음에 답하시오.

Wang's Table is the most popular restaurant in this town. It is a Chinese restaurant. It's not very far from my house. People love the dim sum in this restaurant, and I like it too. The other ⓐ________(dish) are also ⓑ________(real) delicious. I love this restaurant.

30 ◘ 242009-0387

밑줄 친 it이 가리키는 것은?

① China ② the dim sum
③ Wang's Table ④ the writer's town
⑤ the writer's house

31 ☆ 중요 ◘ 242009-0388

빈칸 ⓐ와 ⓑ에 주어진 단어를 알맞은 형태로 바꿔 쓰시오.

ⓐ________________ ⓑ________________

32 ◘ 242009-0389

다음 남학생 네 명의 100미터 달리기 기록과 일치하지 않는 문장은?

Name	Daniel	Gary	Eric	Scott
Seconds	15	12	17	15

① Daniel is as fast as Scott.
② Scott runs faster than Eric.
③ Gary runs more slowly than Daniel.
④ Eric is the slowest of the four students.
⑤ Gary runs faster than any other student.

33 고난도 ◘ 242009-0390

(A), (B), (C)의 각 네모 안에서 어법에 맞는 표현으로 가장 알맞은 것은?

Are you looking for a tasty, healthy food? (A) [Try / Tries] bibimbap. It is a much (B) [healthier / healthiest] food than pizza or hamburgers. You know vegetables are good for your health, (C) [don't / aren't] you? Bibimbap has a lot of vegetables in it. It's also delicious. You will love it.

	(A)	(B)	(C)
①	Try	healthier	don't
②	Try	healthiest	don't
③	Try	healthier	aren't
④	Tries	healthiest	aren't
⑤	Tries	healthier	don't

Final Review

이것만은 자신있게!

아래 우리말을 영작하시오.

1 Kenny는 피아노를 자주 연주하니? ______________________
2 나는 어제 학교에서 나의 필통을 잃어버렸다. ______________________
3 그는 지금 그의 숙제를 하고 있니? ______________________
4 창문을 닫아 줄 수 있니? (can 사용) ______________________
5 나는 오늘 늦게 일어났다. ______________________
6 너는 시장에서 무엇을 샀니? ______________________

미리 점검해 보는 미니 테스트

각 문장이 어법상 틀린 부분을 찾아 바르게 고치시오.

1 Is Frank and Kevin in the library? __________ → __________
2 He do the laundry every Sunday. __________ → __________
3 Did they found the box? __________ → __________
4 We are playing soccer at that time. __________ → __________
5 This box is heavyer than that one. __________ → __________
6 How many money did you spend on this? __________ → __________

이것만은 자신있게! 정답 1 Does Kenny often play the piano? 2 I lost my pencil case at school yesterday. 3 Is he doing his homework now? 4 Can you close the window? 5 I got up late today. 6 What did you buy at the market?

미리 점검해 보는 미니 테스트 정답 1 Is → Are 2 do → does 3 found → find 4 are → were [/ at that time → now] 5 heavier 6 many → much

[1-2] 빈칸에 들어갈 말로 알맞지 않은 것을 고르시오.

1 ▶ 242009-0391

There are many ________ in the park.

① dogs ② grass ③ people
④ trees ⑤ children

2 ▶ 242009-0392

________ usually goes to bed before 10.

① He ② Chris ③ People
④ The man ⑤ Her uncle

3 ▶ 242009-0393

빈칸에 들어갈 단어의 형태로 알맞은 것은?

Look out the window. It ________ now.

① snow ② snowed ③ snowing
④ is snowing ⑤ was snowing

4 ▶ 242009-0394

빈칸에 공통으로 들어갈 말로 알맞은 것은?

- ________ delicious this soup is!
- ________ many students are attending the camp?

① How ② Who ③ What
④ Which ⑤ Where

5 ☆ 중요 ▶ 242009-0395

밑줄 친 ①~⑤ 중 어법상 틀린 것은?

A: ①Were you in Seoul yesterday?
B: No, we ②weren't. We were in Incheon.
A: Where ③did you ④went in Incheon?
B: We went to Chinatown and ⑤had *jjajangmyeon*.

6 ▶ 242009-0396

짝지어진 단어의 관계가 〈보기〉와 다른 것은?

보기

write – wrote

① see – saw ② do – done
③ have – had ④ speak – spoke
⑤ bring – brought

7 고난도 ▶ 242009-0397

밑줄 친 부분이 어법상 틀린 것은?

① Sandra is from Chicago, isn't she?
② Those kids love candies, didn't they?
③ Let's go camping together, shall we?
④ Jisoo didn't go to the party, did she?
⑤ You can't speak another language, can you?

8 ▶ 242009-0398

빈칸에 들어갈 말로 알맞은 것은?

Look around your kitchen or living room. Can you find any cans or plastic bottles? ________ throw them away. They're not trash. You can recycle them.

① Do ② No ③ Not
④ Don't ⑤ Won't

9 ▶ 242009-0399

다음 문장을 부정문으로 만들 때 not이 들어갈 위치로 알맞은 곳은?

> One of(①) the(②) students is participating(③) in(④) the(⑤) group activity.

10 ▶ 242009-0400

밑줄 친 말의 의미와 가장 유사한 것은?

> The doctor said, "You have to take this medicine."

① can ② will ③ must
④ shouldn't ⑤ don't have to

11 ☆ 중요 ▶ 242009-0401

짝지어진 단어의 관계가 〈보기〉와 다른 것은?

> 보기
> happy – happily

① sad – sadly ② real – really
③ love – lovely ④ easy – easily
⑤ careful – carefully

[12-13] 다음 글을 읽고, 물음에 답하시오.

> Today, I had a great time with my mom. We went shopping in the morning. I bought a pair of shoes, and she bought a scarf. We had pizza and spaghetti for lunch. After lunch, we watched a new comedy movie. It was funny. Lastly, we rode bikes along the Han River in the evening. ________ a perfect day!

12 ▶ 242009-0402

밑줄 친 It이 가리키는 것은?

① The mall ② The shoe ③ The scarf
④ The movie ⑤ The ferry

13 ▶ 242009-0403

빈칸에 들어갈 말로 알맞은 것은?

① How ② Who ③ What
④ When ⑤ Which

14 ▶ 242009-0404

대화에서 밑줄 친 말의 의도로 알맞은 것은?

> A: I'm so hungry, Dad. I want to eat out today.
> B: Okay. Where do you want to eat?
> A: How about going to the new Vietnamese restaurant?
> B: Sounds good.

① 감사 ② 사과 ③ 축하 ④ 승낙 ⑤ 제안

15 ☆ 중요 ▶ 242009-0405

밑줄 친 ①~⑤ 중 어법상 틀린 것은?

> Siroo is(①) cuter(②) than any(③) other puppies(④) in this park(⑤).

16

▶ 242009-0406

밑줄 친 부분의 쓰임이 나머지와 다른 것은?

① It's Saturday. ② It's 9 o'clock.
③ It's October 14th. ④ It's Andy's bicycle.
⑤ It's very cloudy today.

17

▶ 242009-0407

대화의 빈칸에 들어갈 말로 알맞은 것은?

A: How ________ is the nearest post office?
B: It's 100 meters away from here.

① far ② many ③ much
④ long ⑤ often

[18-19] 빈칸에 들어갈 말로 알맞은 것을 고르시오.

18

▶ 242009-0408

I always visit my grandpa ________ New Year's Day.

① at ② to ③ in ④ by ⑤ on

19

▶ 242009-0409

My aunt is studying English ________ Canada.

① at ② to ③ in ④ by ⑤ on

20 ☆ 중요

▶ 242009-0410

빈칸에 들어갈 말이 순서대로 바르게 짝지어진 것은?

• Leave now, ________ you'll miss the bus.
• Press the button, ________ the door will open.

① or – or ② or – and ③ and – or
④ and – but ⑤ but – and

21 고난도

▶ 242009-0411

(A), (B), (C)의 각 네모 안에서 어법에 맞는 표현을 가장 알맞게 고른 것은?

Eunji is very tall. She is the (A) [taller/tallest] student in our class. She is in the school basketball club. She practices basketball (B) [for/during] 2 hours every day. She wants to be one of the best basketball (C) [player/players] in the future.

	(A)	(B)	(C)
①	taller	for	players
②	taller	during	player
③	tallest	during	player
④	tallest	for	player
⑤	tallest	for	players

22

242009-0412

밑줄 친 부분의 의미가 나머지와 다른 것은?

① Can I use your ruler?
② Can you speak Korean?
③ Jack can play the violin.
④ I can solve the problem.
⑤ The cheetah can run fast.

[23-24] 다음 글을 읽고, 물음에 답하시오.

Today is my mom's birthday. I got up at 6:30 and made breakfast for her. After school, I came home and cleaned the house. I also did the laundry and ⓐ________(take) out the trash. I made a birthday cake and ⓑ________(sing) a birthday song for her.

23

242009-0413

윗글에서 글쓴이가 오늘 한 일로 언급한 내용이 아닌 것은?

① 6시 30분에 일어났다.
② 엄마에게 아침 식사를 만들어 드렸다.
③ 방과 후에 집 청소를 했다.
④ 빨래를 했다.
⑤ 엄마 생일 케이크를 구입했다.

24

242009-0414

빈칸 ⓐ와 ⓑ에 주어진 단어를 알맞은 형태로 바꿔 쓰시오.

ⓐ________________ ⓑ________________

25

242009-0415

대화의 빈칸에 알맞은 말을 쓰시오.

A: Were you and your sister eating snacks at that time?
B: No, ________ ________. We were studying in the library.

[26-27] 우리말과 같은 뜻이 되도록 괄호 안에 주어진 어구를 알맞게 배열하여 문장을 완성하시오.

26 서술형

242009-0416

너 오늘 밤 나와 저녁 식사 함께할래?
→ ________________________________ tonight?
(you / for dinner / join / will / me)

27 서술형

242009-0417

우리 공항까지 택시를 타고 가는 게 어떨까?
→ ________________________________ the airport?
(don't / why / take a taxi / we / to)

28 서술형 ▶ 242009-0418

주어진 단어를 이용하여 두 음식의 가격을 비교하는 문장을 완성하시오.

The hamburger is __________ __________ __________ the sandwich. (expensive)

29 ▶ 242009-0419

두 문장의 뜻이 같도록 빈칸에 알맞은 말을 쓰시오.

(1) This is my smartphone.
= This smartphone is ______________.

(2) Those are their chairs.
= Those chairs are ______________.

30 ☆ 중요 ▶ 242009-0420

주어진 단어를 문맥에 알맞은 형태로 바꿔 쓰시오.

A: __________(do) you draw flowers?
B: No, I didn't.
A: Then what __________(do) you draw?
B: I __________(draw) trees.

31 서술형 ▶ 242009-0421

주어진 단어를 이용하여 우리말과 같은 뜻이 되도록 문장을 완성하시오.

Bob의 사촌들은 그 당시 기쁘지 않았다.

→ Bob's cousins __________ __________ __________ at that time. (pleased)

32 ☆ 중요 ▶ 242009-0422

빈칸에 알맞은 전치사를 〈보기〉에서 골라 쓰시오.

보기
at on in

(1) The event starts ________ noon.
(2) My dad was born ________ 1977.
(3) I don't usually go out ________ Sundays.

33 고난도 ▶ 242009-0423

대화의 빈칸에 알맞은 말을 〈보기〉에서 골라 쓰시오.

보기
How Who Why What When Where

A: (1)__________ was your trip to Sydney?
B: It was great.
A: (2)__________ did you go in Sydney?
B: I went to the zoo.
A: (3)__________ did you do there?
B: I saw koalas and learned about them.
A: (4)__________ did you come back?
B: I came back the day before yesterday.

EBS

중 | 학 | 도 | 역 | 시 EBS

2022 개정 교육과정 적용

2025년 중1 적용

예비 중1을 위한 내신 대비서

중학 신입생 예비과정

정답과 해설

영어

중학 신입생 예비과정

영어

정답과 해설

Unit 01 현재시제와 be동사

Grammar Point 1. be동사의 현재형

Check-up Exercises

1 (1) am (2) is (3) are (4) are
2 (1) You're (2) I'm (3) They're (4) It's

1
(1) 나는 졸리다.
(2) 그녀는 욕실에 있다.
(3) Sam의 강아지들은 아주 귀엽다.
(4) 우리는 중학교 학생들이다.

2
(1) 너는 나의 영웅이다. (2) 나는 캐나다 출신이다.
(3) 그들은 카페테리아에 있다. (4) 그것은 아주 흥미로운 생각이다.

Grammar Point 2. be동사 현재형의 역할과 쓰임

Check-up Exercises

1 (1) very (2) swim (3) happily (4) run
2 (1) is Bora (2) is a math teacher (3) am in Canada
(4) are hungry and tired

1
(1) 나는 슬프다. / 나는 제빵사이다.
(2) 그녀는 Jenny이다. / 그녀는 화가 나 있다.
(3) 우리는 친구다. / 우리는 배고프다.
(4) 그 고양이는 귀엽다. / 그 고양이는 의자 아래에 있다.

Grammar Point 3. be동사 현재형의 부정문

Check-up Exercises

1 (1) am not (2) is not (3) are not (4) are not
2 (1) isn't (2) isn't (3) aren't

2
(1) 그것은 나의 공이다. → 그것은 나의 공이 아니다.
(2) 그녀는 훌륭한 피아니스트다. → 그녀는 훌륭한 피아니스트가 아니다.
(3) 우리는 그것에 대해 신이 나 있다. → 우리는 그것에 대해 신이 나 있지 않다.

Grammar Point 4. be동사 현재형의 의문문

Check-up Exercises

1 (1) Are they (2) Is she (3) Are you (4) Is the little boy **2** (1) I am (2) she isn't[she's not]
(3) it is (4) they aren't[they're not]

1
(1) 그들은 아프다. → 그들은 아프니?
(2) 그녀는 부엌에 있다. → 그녀는 부엌에 있니?
(3) 너는 Nick의 남동생이다. → 너는 Nick의 남동생이니?
(4) 그 어린 남자아이는 똑똑하다. → 그 어린 남자아이는 똑똑하니?

2
(1) A: 당신이 Clark씨인가요?
B: 네, 맞습니다.
(2) A: 그녀는 긴장했니?
B: 아니, 그렇지 않아.
(3) A: 이 펜이 네 것이니?
B: 응, 맞아.
(4) A: 너의 개들은 괜찮니?
B: 아니, 그렇지 않아.

Grammar Practice

1 (1) is (2) are (3) am **2** ② **3** (1) I'm (2) We're (3) He's **4** ⑤ **5** ④ **6** ① **7** ④ **8** ③ **9** (부정문) Chris and his sister are not[aren't] in the restaurant. (의문문) Are Chris and his sister in the restaurant? **10** Yes, I am **11** ③ **12** ① **13** ③ **14** Is → Are **15** is not[isn't] very tall, parents are very tall

1
(1) 나의 고양이는 아주 귀엽다.
(2) Alice와 나는 꽃가게에 있다.
(3) 나는 초등학생이다.
해설 현재시제에서 be동사를 사용하는 경우 3인칭 단수일 때는 is를, 주어가 You 혹은 복수일 때는 are을 쓰고, 주어가 I인 경우는 am을 쓴다.

2

이 사람은 내 친구인 Cindy이다. 그녀는 파리 출신이다.

해설 두 문장 모두 주어가 3인칭 단수이므로, 공통으로 들어갈 알맞은 현재형 be동사는 is이다.

3

(1) 나는 소방관이다.

(2) 우리는 아주 배고프다.

(3) 그는 지금 은행에 있다.

해설 be동사의 첫 번째 철자를 빼고 아포스트로피를 이용하여 I'm, We're, He's로 줄일 수 있다.

4

나의 할아버지는 거실에 계신다. 내 부모님도 또한 거실에 계신다. 내 남동생은 그의 방에 있고, 나는 욕실에 있다.

해설 현재 가족 구성원이 어디에 있는지 설명하고 있다. My parents는 복수이기 때문에 are를 사용하고, My brother는 3인칭 단수이기 때문에 is를 사용한다.

5

해설 be동사가 있는 문장의 부정문은 be동사 뒤에 not을 써서 만들 수 있다.

6

① 나는 키가 크지 않다.

② 저것은 네 것이다.

③ 그는 친절하지 않다.

④ 우리는 중국 출신이다.

⑤ 그들은 도서관에 있지 않다.

해설 ① am not은 줄여 쓰지 않는다.

7

그는 ____________________.

① 어리다 ② (비행기) 조종사이다

③ 내 삼촌이다 ⑤ 그의 사무실에 있다

해설 be동사 뒤에는 명사(구), 형용사(구), 혹은 「전치사+명사(구)」가 와야 하는데, ④의 swim은 '수영하다'라는 의미의 일반동사이기 때문에 알맞지 않다. 한 문장에 두 개의 동사를 쓸 수는 없다.

8

그것은 나의 자전거가 아니다. 그것은 Sarah의 것이다.

해설 문맥상 부정문이 되어야 하기 때문에 be동사 뒤에 not을 써야 한다.

9

Chris와 그의 여동생은 식당에 있다.

해설 현재형 be동사가 사용된 문장의 부정문은 be동사 뒤에 not을 써서 나타내고, 의문문은 be동사를 주어(Chris and his sister)의 앞으로 이동해서 나타낸다.

10

A: Sam, 너 갈증이 나니?

B: 응, 맞아.

해설 그림 속 남자아이가 갈증이 나는 상황이기 때문에 Yes를 사용해서 대답할 수 있는데, you(너)라고 물었기 때문에 대답은 I(나)로 해야 한다.

11

_____________ 훌륭한 기타리스트이다.

① 그는 ② 그녀는 ③ 그들은 ④ 그 남자는 ⑤ 내 남동생[형/오빠]은

해설 ③ They는 복수이기 때문에 be동사 is가 아닌 are과 함께 써야 한다.

12

A: Tony는 훌륭한 가수이니?

B: 응, 맞아.

해설 Tony에 해당하는 인칭대명사 he를 사용하고, Yes라고 답했기 때문에 be동사 뒤에 not을 쓰지 않는다.

13

① 우리는 브라질 출신이다.

② 나의 부모님은 화가 나셨다.

③ 그 남자는 나의 삼촌이다.

④ 그들은 훌륭한 무용수들이다.

⑤ 그녀와 나는 도서관에 있다.

해설 We, My parents, They, She and I는 모두 복수 주어이기 때문에 are를 써야 하고, The man은 3인칭 단수 주어이기 때문에 is를 써야 한다.

14

해설 주어(Brian and Jenny)가 복수이기 때문에 be동사는 Is가 아닌 Are를 써야 한다.

15

해설 Minji는 3인칭 단수 주어이기 때문에 be동사 is와 함께, her parents는 복수 주어이기 때문에 be동사 are와 함께 사용한다.

Write It Yourself

1 (1) She isn't (2) He isn't (3) It isn't (4) They aren't 2 (1) she, isn't[she's, not], is, from (2) Are, Yes, they, are (3) Is, No, she, isn't[she's, not], She, is

1

[보기] 그 동물은 호랑이다. 그것은 고양이가 아니다.
(1) 그 여자아이는 행복하다. 그녀는 슬프지 않다.
(2) 그 남자는 의사이다. 그는 간호사가 아니다.
(3) 그 공은 배구공이다. 그것은 축구공이 아니다.
(4) 그 아이들은 체육관에 있다. 그들은 교실에 있지 않다.

2

Daisy: 안녕, 나는 Daisy야. 나는 영국 출신이야. 나는 스포츠에 소질이 있어. 나는 학교 축구 동아리에 소속되어 있어.
Luna : 안녕, 나는 Luna야. 나는 캐나다 출신이야. 나는 스포츠에 소질이 있어. 나는 학교 농구 동아리에 소속되어 있어.
(1) A: Daisy는 캐나다 출신이니?
B: 아니, 그렇지 않아. 그녀는 영국 출신이야.
(2) A: Daisy와 Luna는 스포츠에 소질이 있니?
B: 응, 맞아.
(3) A: Luna는 축구 동아리에 소속되어 있니?
B: 아니, 그렇지 않아. 그녀는 농구 동아리에 소속되어 있어.

Read and Think

1 ③ 2 They are a happy rabbit family.

Snowball은 두 마리의 아기 토끼가 있는 엄마 토끼이다. 그 아기들은 Clover와 Cotton이다. Clover는 귀가 크고 회색이다. Cotton은 솜털로 뒤덮인 꼬리가 있고 흰색이다. 그들은 태어난 지 두 달이 되어서, 아주 크지는 않다. 그들은 신선한 상추를 좋아한다. 그 아기 토끼들은 매일 정원 주변을 깡충 뛰어다니고 함께 논다. 그들은 아주 귀엽다. Snowball은 자신의 아기들을 아주 많이 사랑한다. 그들은 행복한 토끼 가족이다.

1

해설 ③ Cotton은 털이 흰색이다.

2

해설 주어(They) 다음에 be동사(are)를 쓰고, 그 뒤에 명사구(a happy rabbit family)를 써서 문장을 만든다.

Unit 02 현재시제와 일반동사

Grammar Point 1. 일반동사의 개념

Check-up Exercises

1 (1) have, 일반동사 (2) is, be동사 (3) are, be동사 (4) walk, 일반동사
2 (1) learn (2) fly (3) drink (4) wash

1

(1) 그들은 드론을 가지고 있다.
(2) 그 펭귄은 귀엽다.
(3) 그녀와 나는 이웃이다.
(4) 나는 매일 걸어서 학교에 간다.

2

(1) 그들은 영어를 배운다.
(2) 나는 종종 연을 날린다.
(3) 그 아이들은 매일 우유를 마신다.
(4) 우리는 식사 전에 손을 씻는다.

Grammar Point 2. 일반동사의 현재형 (3인칭 단수형)

Check-up Exercises

1 (1) begins (2) does (3) cries (4) has (5) buys (6) copies (7) washes (8) touches
2 (1) love (2) writes (3) teaches (4) play

2

(1) 나는 엄마를 아주 많이 사랑한다.
(2) Anna는 가끔 시를 쓴다.
(3) 나의 아빠는 고등학교에서 수학을 가르치신다.
(4) Paul과 나는 저녁에 배드민턴을 친다.

Grammar Point 3. 일반동사 현재형의 부정문

Check-up Exercises

1 (1) don't (2) don't (3) doesn't (4) doesn't
2 (1) doesn't have (2) doesn't study (3) don't play (4) doesn't go

2

(1) Lisa는 자전거를 가지고 있다. → Lisa는 자전거를 가지고 있지 않다.
(2) 그는 영어를 공부한다. → 그는 영어를 공부하지 않는다.
(3) 나는 컴퓨터 게임을 한다. → 나는 컴퓨터 게임을 하지 않는다.
(4) Jason은 학교에 일찍 간다. → Jason은 학교에 일찍 가지 않는다.

Grammar Point

4. 일반동사 현재형의 의문문

Check-up Exercises

1 (1) Do they like (2) Do you need (3) Does he know (4) Does she have **2** (1) they do (2) I don't (3) she does (4) he doesn't

1

(1) 그들은 초콜릿을 좋아한다. → 그들은 초콜릿을 좋아하니?
(2) 너는 더 많은 시간이 필요하다. → 너는 더 많은 시간이 필요하니?
(3) 그는 정답을 알고 있다. → 그는 정답을 알고 있니?
(4) 그녀는 많은 친구가 있다. → 그녀는 많은 친구가 있니?

2

(1) A: 너의 부모님은 영어를 말하시니?
B: 응, 맞아.
(2) A: Jenny야, 너는 일찍 잠에서 깨니?
B: 아니, 그렇지 않아.
(3) A: 그녀는 과학을 가르치니?
B: 응, 맞아.
(4) A: 그 남자아이는 아침을 먹니?
B: 아니, 그렇지 않아.

Grammar Practice

1 (1) love (2) wash (3) sleeps **2** ⑤ **3** ⑤ **4** watches → watch **5** (1) I don't drink coffee. (2) He doesn't know the secret. **6** ④ **7** ⑤ **8** does **9** ④ **10** studies, doesn't study **11** ③ **12** ⑤ **13** ② **14** has a pet dog **15** (부정문) The first class doesn't[does not] begin at 9 o'clock. (의문문) Does the first class begin at 9 o'clock?

1

(1) 그들은 한국 음식을 사랑한다.
(2) 나는 손을 자주 씻는다.
(3) Tony는 하루에 8시간 동안 잠을 잔다.
해설 문장에서 주어의 동작이나 상태를 나타내는 일반동사는 love(사랑하다), wash(씻다), sleeps(잠을 자다)이다.

2

① Sam은 걸어서 학교에 간다.
② 우리는 매일 아침 달린다.
③ 나는 매일 머리를 감는다.
④ 그녀는 이 회사에서 일한다.
⑤ 이 아이들은 아주 똑똑하다.
해설 ①~④는 일반동사를 사용하여 주어의 행동이나 동작을 설명하였고, ⑤는 be동사를 사용하였다.

3

____________ 지역 시장에서 사과를 구입한다.
① 그녀는 ② Daniel은 ③ 나의 삼촌은 ④ Clark 씨는 ⑤ 그의 친구들은
해설 ⑤ His friends는 복수이기 때문에 동사(buy)의 끝에 -s를 붙이지 않는다.

4

해설 일반동사가 사용된 문장의 부정문에서 don't나 doesn't 다음에는 동사원형을 써야 한다.

5

(1) 나는 커피를 마시지 않는다.
(2) 그는 그 비밀을 모른다.
해설 do not은 don't로, does not은 doesn't로 줄여 쓸 수 있다.

6

A: 너는 자전거로 학교에 가니?
B: 아니, 그렇지 않아. 나는 버스를 타고 학교에 가.
해설 문맥상 빈칸에는 No의 응답이 들어가야 하고, you(너)로 물었기 때문에 I(나)로 답해야 한다.

7

그것은 아주 쉬운 질문이지만, James는 정답을 알지 못한다.
해설 일반동사 문장의 부정문에서 don't와 doesn't 다음에는 반드시 동사원형(know)을 써야 한다.

8

해설 주어진 우리말에 따라 부정문을 완성해야 하고 주어(Chris)가 3인칭 단수이기 때문에 not 앞에 does를 써야 한다.

9

① 너는 축구를 좋아하니?
② 그들은 포크가 필요하니?
③ 그 강아지들은 빠르게 달리니?
④ 네 사촌들은 부산 출신이니?
⑤ Kevin과 Lisa는 서로 사랑하니?
해설 ④의 빈칸에는 Are가 들어가고, 나머지는 모두 일반동사가 사용되었기 때문에 Do가 들어간다.

10

Justin은 항상 열심히 공부하지만, 그의 여동생은 열심히 공부하지 않는다.
해설 Justin과 his sister 모두 3인칭 단수이기 때문에 긍정문에서는 studies, 부정문에서는 doesn't study를 써서 문장을 완성한다.

11

① Carol은 항상 열심히 일한다.
② 그는 매일 책을 읽는다.
③ Tim의 형제들은 한국어를 공부한다.
④ 그 아이는 노트북 컴퓨터를 가지고 있다.
⑤ 그녀는 자신의 첫 등교일을 기억한다.
해설 ③ 주어인 Tim's brothers는 3인칭 단수가 아니기 때문에(3인칭 복수임) 뒤에 오는 동사는 studies가 아닌 study라고 써야 한다.

12

A: 그는 여기에서 일하니?
B: 아니, 그렇지 않아.
해설 현재시제에서 일반동사가 사용된 의문문에 대한 부정 대답은 「No, 주어+don't./doesn't.」의 형태로 나타낼 수 있는데, 주어(he)가 3인칭 단수이기 때문에 don't가 아닌 doesn't를 쓴다.

13

Jason은 한 명의 여자 형제가 있고, Lisa는 두 명의 남자 형제가 있다. 하지만 Andy는 남자 형제나 여자 형제가 없다.
해설 Jason과 Lisa가 3인칭 단수이기 때문에 첫 번째와 두 번째 빈칸에는 has를 써야 하고, doesn't 다음에는 반드시 동사원형을 써야 하기 때문에 세 번째 빈칸에는 have를 써야 한다.

14

〈보기〉 나는 한 켤레의 새 신발이 필요하다.
→ Allison은 한 켤레의 새 신발이 필요하다.
우리는 반려견 한 마리가 있다.
→ 그 여자아이는 반려견 한 마리가 있다.
해설 주어(The girl)가 3인칭 단수이기 때문에 have가 아닌 has를 사용하여 문장을 완성한다.

15

첫 수업은 9시 정각에 시작한다.
해설 주어(The first class)가 3인칭 단수이기 때문에 부정문은 「주어+doesn't[does not]+동사원형 ~.」의 형태로 쓰고, 의문문은 「Does+주어+동사원형 ~?」의 형태로 쓴다.

Write It Yourself

1 (1) studies math (2) swim, plays basketball
(3) take a yoga class, watches a movie
(4) water the plants, goes jogging
(5) play the guitar, reads books
2 (1) doesn't have a headache, has a sore throat
(2) don't have a fever, have a headache
(3) doesn't have a sore throat, has a runny nose

1

(1) 월요일: 나는 친구들과 축구를 하고, Terry는 집에서 수학을 공부한다.
(2) 화요일: 나는 수영장에서 수영을 하고, Terry는 친구들과 농구를 한다.
(3) 수요일: 나는 요가 수업을 듣고, Terry는 그의 남동생과 함께 영화를 본다.
(4) 목요일: 나는 정원에서 식물에 물을 주고, Terry는 조깅하러 간다.
(5) 금요일: 나는 집에서 기타를 치고, Terry는 도서관에서 책을 읽는다.

2

〈보기〉 Judy는 콧물이 나지 않는다. 그녀는 열이 난다.
(1) Christine은 두통이 있지 않다. 그녀는 목이 아프다.
(2) Roy와 그의 남동생은 열이 나지 않는다. 그들은 두통이 있다.
(3) Peter는 목이 아프지 않다. 그는 콧물이 난다.

Read and Think

1 ④ 2 (D) → Mom reads books and Dad usually takes a nap.

나의 가족은 매월 캠핑을 간다. 우리는 먼저 텐트를 설치하고 함께 점심을 먹는다. 점심 식사 후, 내 여동생과 나는 배드민턴 같은 실외 게임을 한다. 엄마는 책을 읽으시고 아빠는 보통 낮잠을 주무신다. 저녁에, 나는 불을 피우고 아빠는 불꽃 위에서 저녁 식사를 요리하신다. 우리는 별빛 아래에서 (밥을) 먹는다. 밤에, 우리는 마시멜로를 굽고 모닥불 둘레에서 이야기를 나눈다. 우리는 일찍 잠자리에 들지 않는다. 우리는 자연의 소리를 듣는다. 나는 캠핑을 정말 좋아하고, 나의 가족을 사랑한다.

1

① 슬픈 – 편안한 ② 고요한 – 걱정되는 ③ 낭만적인 – 화난 ④ 평화로운 – 행복한 ⑤ 신나는 – 긴장한

해설 글의 분위기는 평화롭고(peaceful) 글쓴이의 심경은 행복하다(happy).

2

해설 (D) 문장은 현재시제이며, 주어(Mom, Dad)가 모두 3인칭 단수이기 때문에 reads와 takes로 써야 한다.

Unit 03 과거시제와 be동사

Grammar Point 1. be동사의 과거형

Check-up Exercises

1 (1) was (2) were (3) was (4) was

2 (1) was (2) were (3) was (4) were

1

(1) 나는 그가 자랑스러웠다.
(2) 나의 부모님은 나에게 화가 나셨었다.
(3) 그녀는 교무실에 있었다.
(4) 너의 딸은 그저 어린 소녀였다.

2

(1) 나는 그 여행에 대해 신이 났었다.
(2) 너는 서점 앞에 있었다.
(3) 내 여동생은 작년에 시드니에 있었다.
(4) Chris와 나는 음악에 흥미가 있었다.

Grammar Point 2. be동사 과거형의 역할과 쓰임

Check-up Exercises

1 (1) travel (2) now (3) very (4) goes

2 (1) were (2) is (3) were (4) was

1

(1) 그들은 지난주에 바빴다. / 그들은 지난주에 화가 났었다.
(2) 나는 그때 긴장했었다. / 나는 그때 일본에 있었다.
(3) 우리는 10년 전에 어렸었다. / 우리는 10년 전에 학생이었다.
(4) 그는 어제 화가 났었다. / 그는 어제 이탈리아 식당에 있었다.

2

(1) 그들은 지난주에 파리에 있었다.
(2) 나의 고모는 지금 아주 피곤하시다.
(3) Bob과 Sarah는 어제 아팠다.
(4) Wendy는 그때 십 대였다.

Grammar Point 3. be동사 과거형의 부정문

Check-up Exercises

1 (1) was not (2) was not (3) were not (4) were not
2 (1) wasn't (2) wasn't (3) weren't (4) weren't

2

(1) 나는 내 방에 있었다. → 나는 내 방에 있지 않았다.
(2) 어제는 날씨가 화창했다. → 어제는 날씨가 화창하지 않았다.
(3) 그들은 같은 동아리에 있었다. → 그들은 같은 동아리에 있지 않았다.
(4) Jerry와 Emily는 지난주에 아팠다. → Jerry와 Emily는 지난주에 아프지 않았다.

Grammar Point 4. be동사 과거형의 의문문

Check-up Exercises

1 (1) Was the food cheap?
(2) Was Frank a brave kid?
(3) Were they soldiers 10 years ago?
(4) Were you in the amusement park?
2 (1) he was (2) it wasn't (3) they were
(4) we weren't

1

(1) 그 음식은 저렴했다. → 그 음식은 저렴했니?
(2) Frank는 용감한 아이였다. → Frank는 용감한 아이였니?
(3) 그들은 10년 전에 군인이었다. → 그들은 10년 전에 군인이었니?
(4) 너는[너희들은] 놀이공원에 있었다. → 너는[너희들은] 놀이공원에 있었니?

2

(1) A: 그는 그의 아들이 자랑스러웠니?
B: 응, 맞아.
(2) A: 그것은 재미있었니?
B: 아니, 그렇지 않아.
(3) A: 그 아이들이 놀이터에 있었니?
B: 응, 맞아.
(4) A: 너와 Tony는 화가 났었니?
B: 아니, 그렇지 않아.

Grammar Practice

1 (1) were (2) Was (3) wasn't **2** ④ **3** ②
4 ① **5** were **6** ⑤ **7** ② **8** ④
9 Was → Were **10** Was, she **11** ②
12 ① **13** ④ **14** were in the classroom, was not[wasn't] there **15** (부정문) They were not[weren't] in the school cafeteria. (의문문) Were they in the school cafeteria?

1

(1) 그녀와 나는 어제 행복했다.
(2) 지난 주말에 날씨가 좋았니?
(3) 파티에 있던 그 케이크는 맛있지 않았다.
해설 (1) 주어(She and I)가 복수이기 때문에 was가 아닌 were를 쓴다.
(2) 주어(the weather)가 3인칭 단수이기 때문에 Were가 아닌 Was를 쓴다.
(3) 주어(The cake)가 3인칭 단수이기 때문에 weren't가 아닌 wasn't를 쓴다.

2

• 어제는 아름다운 날이었다.
• 그 식당은 어젯밤에 사람들로 붐볐다.
해설 yesterday(어제)와 last night(어젯밤)이라는 부사(구)를 통해 두 문장 모두 과거시제라는 것을 알 수 있고, 주어(It, The restaurant)가 모두 3인칭 단수이기 때문에 was를 써야 한다.

3

James는 그때 슬프지 않았다. 그는 행복했다.
해설 at that time(그때)이 사용된 것으로 보아 과거시제 문장이라는 것을 알 수 있고, 문맥상 부정문이어야 하기 때문에 빈칸에 들어갈 말은 wasn't이다.

4

A: Paul, 너 어젯밤에 병원에 있었니?
B: 응, 맞아.
해설 너(you)로 물었을 때는 I(나)로 답해야 하며, I와 어울리는 과거형 be동사는 was이다.

5

작년에 Jenny의 강아지들은 아주 크지 않았다.
해설 last year(작년에)라는 부사구를 통해 과거시제 문장이라는 것을 알 수 있고, 주어(Jenny's puppies)가 복수이기 때문에 be동사 were를 써야 한다.

6

___________ 어제 아주 바빴다.

① 우리는 ② 너는[너희들은] ③ 그 여자아이들은 ④ Evan과 나는 ⑤ 너의 사촌은

해설 be동사 were는 주어가 You 혹은 복수일 때 사용할 수 있는데, Your cousin은 3인칭 단수이기 때문에 빈칸에 들어갈 수 없다.

7

Mr. Wood는 ___________ 인천에 있었다.

① 어제 ② 내일 ③ 지난 여름에 ④ 그때 ⑤ 며칠 전에

해설 ② tomorrow(내일)는 미래시제에 사용되는 부사이다.

8

그들은 ___________.

① 친절했다 ② 손님이었다 ③ 줄을 서 있었다 ⑤ 아주 귀여웠다

해설 ④ be동사 바로 뒤에 일반동사(wait)가 올 수 없다.

9

해설 주어(Emma and Ted)가 복수이기 때문에 Was가 아닌 Were를 써야 한다.

10

A: 네 여동생은 그 선물들에 만족했니?

B: 응, 그랬어.

해설 주어(your sister)가 3인칭 단수이기 때문에 Was를 사용해야 하며, your sister를 나타내는 인칭대명사 she를 써서 답한다.

11

A: Betty는 오늘 아침에 그녀의 방에 있었니?

B: 아니, 그렇지 않아.

해설 주어(Betty)가 3인칭 단수이기 때문에 과거형 be동사 Was로 시작하는 의문문을 만들 수 있으며, 대답이 No로 시작하기 때문에 wasn't를 써서 답한다.

12

① 그 고양이들은 지금 아주 조용하다.

② 우리는 그때 파리에 있었다.

③ 그 꽃들은 지난달에 저렴했었다.

④ 그들은 한 시간 전에 체육관에 있었다.

⑤ Tony와 그의 남동생은 어제 피곤했다.

해설 ① now(지금)라는 부사가 있기 때문에 현재형 be동사 are가 들어가는 것이 알맞다. 나머지 문장은 모두 과거형 be동사 were가 들어간다.

13

해설 주어 he에 맞는 과거형 be동사는 was이다.

14

해설 Kyle and I는 복수이기 때문에 첫 번째 빈칸에는 were를 써서 문장을 완성하고, Tom은 3인칭 단수이기 때문에 두 번째 빈칸에는 was를 써서 문장을 완성한다.

15

그들은 학교 식당에 있었다.

해설 과거형 be동사가 있는 문장의 부정문은 be동사 뒤에 not을 써서 나타내고, 의문문은 be동사를 문장의 제일 앞에 써서 나타낸다.

Write It Yourself

1 were, was, was, was, were not / were, was, were

2 (1) Was, she wasn't, She was bored

(2) Was, he wasn't, He was happy

(3) Was, she wasn't, She was excited

(4) Were, they weren't, They were angry

1

5월 1일에, Paul과 나는 사막에 있었다. 날씨가 정말 더웠다. 나는 갈증이 났고, Paul은 배가 고팠다. 우리는 별로 행복하지 않았다.

5월 5일에, 우리는 해변에 있었다. 날씨가 좋았다. 우리는 아주 행복했다.

2

〈보기〉 A: Peter는 어제 행복했니?

B: 아니, 그렇지 않아. 그는 슬펐어.

(1) A: Lucy는 어제 신났었니?

B: 아니, 그렇지 않아. 그녀는 지루했어.

(2) A: Tony는 어제 화났었니?

B: 아니, 그렇지 않아. 그는 행복했어.

(3) A: Amy는 어제 지루했니?

B: 아니, 그렇지 않아. 그녀는 신났었어.

(4) A: Michael과 Sarah는 어제 행복했니?

B: 아니, 그렇지 않아. 그들은 화났었어.

Read and Think

1 ⑤ **2** I wasn't a good singer.

10년 전에 나는 학교 밴드의 가수였다. David은 기타 연주자였고, Thomas는 베이스를 연주했고, Janet은 드럼 연주자였다. 내 친구들은 정말 훌륭한 음악가였지만, 나는 그렇지 않았다. 나는 훌륭한 가수가 아니었다. 그래서 나는 거의 매일 연습했다. 우리의 맨 처음 콘서트는 학교 축제에서였다. 우리는 아주 긴장했었지만, 모두가 우리의 음악에 열광했다. 그것은 아주 재미있었다. 나는 그때가 그립고, 내 친구들이 그립다.

1

해설 글쓴이의 밴드는 첫 공연을 학교 축제에서 했다.

2

해설 주어(I)에 맞는 과거형 be동사는 was이고 문맥상 부정문으로 써야 하는데, 줄임말을 포함하라고 했으므로 was not이 아닌 wasn't를 써서 문장을 완성한다.

Unit 04 과거시제와 일반동사

Grammar Point 1. 일반동사의 과거형 Ⅰ (규칙 변화)

Check-up Exercises

1 (1) danced (2) mopped (3) cried (4) watched

2 (1) worried (2) stopped (3) washed (4) smiled

1

(1) 우리는 지난밤에 함께 춤을 췄다.
(2) 지난 주말에, 그는 바닥을 대걸레로 닦았다.
(3) 나의 아기 남동생은 오늘 아침에 많이 울었다.
(4) 어제 나는 친구와 함께 영화를 봤다.

2

(1) 우리는 너를 걱정했다.
(2) 그는 빨간불에 멈춰 섰다.
(3) 나는 지난밤에 설거지를 했다.
(4) Emily는 그 꽃을 봤을 때 미소 지었다.

Grammar Point 2. 일반동사의 과거형 Ⅱ (불규칙 변화)

Check-up Exercises

1 (1) drank (2) had (3) let (4) rode (5) ate (6) got (7) went (8) read

2 (1) came (2) slept (3) knew (4) put

1

(1) 마시다
(2) 먹다, 가지다
(3) 허락하다, ~하게 두다
(4) (탈 것을) 타다
(5) 먹다
(6) 얻다
(7) 가다
(8) 읽다

2

(1) 나는 집에 늦게 왔다.
(2) 그는 소파에서 잤다.
(3) 그들은 그 답을 알았다.
(4) Ashley는 탁자 위에 그녀의 스마트폰을 두었다.

Grammar Point 3. 일반동사 과거형의 부정문

Check-up Exercises

1 (1) didn't buy (2) didn't lose (3) didn't learn
2 (1) didn't finish (2) didn't see (3) didn't fix
(4) didn't meet

2

(1) 나는 그 책을 읽는 것을 끝냈다.
→ 나는 그 책을 읽는 것을 끝내지 못했다.
(2) 우리는 아름다운 다리를 보았다.
→ 우리는 아름다운 다리를 보지 못했다.
(3) 나의 형은 그의 자전거를 고쳤다.
→ 나의 형은 그의 자전거를 고치지 않았다.
(4) 나는 도서관에서 내 친구를 만났다.
→ 나는 도서관에서 내 친구를 만나지 못했다.

Grammar Point 4. 일반동사 과거형의 의문문

Check-up Exercises

1 (1) Did, make (2) Did, use (3) Did, do
2 (1) he did (2) she didn't (3) they didn't (4) it did

1

(1) A: 그는 장난감 자동차를 만들었니?
B: 응. 그는 장난감 자동차를 만들었어.
(2) A: 너는 내 연필을 사용했니?
B: 아니. 나는 네 연필을 사용하지 않았어.
(3) A: 그녀는 숙제를 했니?
B: 응. 그녀는 숙제를 했어.

2

(1) A: 그는 작별 인사를 했니?
B: 응, 했어.
(2) A: 그녀는 그 문을 당겼니?
B: 아니, 당기지 않았어.
(3) A: 그들은 벤치에 앉았니?
B: 아니, 앉지 않았어.
(4) A: 그 쥐는 치즈를 숨겼니?
B: 응, 숨겼어.

Grammar Practice

1 ① **2** ③ **3** ④ **4** ② **5** bought **6** ④
7 ① **8** Did the train arrive on time? **9** ②
10 didn't clean **11** didn't do **12** ③ **13** ⑤
14 ① **15** Did he solve the puzzle?

1

① 울다 – 울었다 ② 좋아하다 – 좋아했다
③ 원하다 – 원했다 ④ 놀다 – 놀았다
⑤ 멈추다 – 멈췄다

해설 ① 「자음+y」로 끝나는 동사는 y를 i로 바꾸고 -ed를 써야 하므로 cry의 과거형은 cried이다.

2

① 가다 – 갔다 ② 달리다 – 달렸다
③ 앉다 – 앉았다 ④ 말하다 – 말했다
⑤ 만들다 – 만들었다

해설 ③ sit의 과거형은 sat으로 불규칙하게 변화하는 동사이다.

3

그는 어제 저녁을 일찍 먹었다.

해설 yesterday가 과거를 나타내므로 빈칸에는 have의 과거형인 had를 쓴다.

4

① Ann은 어제 책을 읽었다.
② 우리는 공원에서 자전거를 탔다.
③ Henry는 지난밤에 집에 늦게 왔다.
④ 그들은 파티에서 함께 춤을 췄다.
⑤ 그 영화는 10분 전에 시작했다.

해설 ② ride의 과거형은 rode로 불규칙하게 변화하는 동사이다.

5

A: 너는 어제 무엇을 샀니?
B: 나는 이 티셔츠를 샀어.

해설 yesterday가 과거를 나타내므로 빈칸에는 buy의 과거형인 bought를 쓴다.

6

① 그는 그 영화를 좋아하지 않았다.
② Irene은 새 드레스를 사지 않았다.
③ James는 전화를 받지 않았다.
④ 나는 지난주에 학교에 가지 않았다.

⑤ 그들은 그 파티에 나를 초대하지 않았다.

해설 ④ 일반동사의 과거형을 부정문으로 만들 때는 「didn't+동사원형」의 형태로 쓴다. 따라서 didn't went가 아니라 didn't go로 써야 한다.

7

A: 너는 David를 만났니?

B: 응, 만났어. 나는 그를 버스 정류장에서 만났어.

해설 B의 대답 Yes, I did.를 통해 대화의 시제가 과거임을 알 수 있다. 따라서 첫 번째 빈칸에는 Did가, 두 번째 빈칸에는 meet의 과거형인 met가 들어간다.

8

그 기차는 정각에 도착했다.

해설 일반동사의 과거형이 쓰인 문장을 의문문으로 만들 때는 문장의 맨 앞에 Did를 쓰고, 동사는 원형으로 바꿔 쓴 후에, 문장의 끝에 물음표를 쓴다.

9

그녀는 그 게임을 이겼다.

해설 일반동사의 과거형을 부정문으로 만들 때는 「didn't+동사원형」의 형태로 쓴다. 따라서 didn't win으로 써야 한다.

10

나는 어제 내 방을 청소하지 않았다.

해설 청소를 하지 않은 방의 그림을 보고 문장을 완성해야 하므로 didn't clean을 써야 한다.

11

나는 지난 주말에 숙제를 했다.

→ 나는 지난 주말에 숙제를 하지 않았다.

해설 일반동사의 과거형을 부정문으로 만들 때는 「didn't+동사원형」의 형태로 쓴다. 따라서 빈칸에는 didn't를 쓰고, did의 동사원형인 do를 이어서 쓴다.

12

① Jenny는 어제 점심을 먹지 않았다.

② 우리는 지난주에 그 박물관에 방문하지 않았다.

③ Peter는 요즘 기타를 치지 않는다.

④ Susan은 지난밤에 그 콘서트를 즐기지 않았다.

⑤ 그는 그때 그 농담을 이해하지 못했다.

해설 ③ these days는 '요즘'이라는 뜻이므로, 부정문을 만들 때 과거를 나타내는 didn't가 아니라 현재를 나타내는 doesn't를 써야 한다.

13

나는 어제 엄마와 함께 쇼핑을 갔다. 나는 쇼핑몰에서 예쁜 드레스를 봤다. 나는 그것을 사고 싶었지만, 엄마가 그것을 사는 것을 허락하지 않으셨다. 그래서 나는 슬펐다.

해설 ⑤ feel의 과거형은 felt로 불규칙하게 변화하는 동사이다.

14

A: 그녀는 잃어버린 열쇠를 찾았니?

B: 응, 찾았어. 그녀는 그것을 침대 아래에서 찾았어.

해설 B의 대답에서 그녀가 그것을 침대 아래에서 찾았다고 했으므로, 빈칸에는 긍정의 대답을 써야 한다.

15

그는 그 퍼즐을 풀었니?

해설 did와 물음표가 있으므로 일반동사 과거형의 의문문을 써야 함을 알 수 있다. 문장의 맨 앞에 Did를 쓰고, 동사는 원형을 쓴 후에, 문장의 끝에 물음표를 쓴다.

Write It Yourself

1 (1) went (2) threw (3) ran (4) had

2 (1) didn't watch, bought (2) Did, read, exercised (3) Yes, did, watched

1

지난 주말에, 우리 가족은 해변에 갔다. 나의 오빠 Peter는 바다에서 수영했다. 나는 공을 던졌고, 나의 개 Lucky는 그것을 잡기 위해 달렸다. 나의 아버지는 모래 위에 누워계셨다. 우리 모두는 해변에서 즐거운 시간을 보냈다.

2

(1) A: 유나는 여름 방학 동안 영화를 봤니?
B: 아니. 그녀는 영화를 보지 않았어. 그녀는 새 신발을 샀어.

(2) A: 민재는 여름 방학 동안 신문을 읽었니?
B: 응, 읽었어. 또한, 그는 매일 운동을 했어.

(3) A: 진희는 여름 방학 동안 매일 운동을 했니?
B: 응, 했어. 그녀는 영화도 봤어.

Read and Think

1 ⑤ **2** shook her head

어제, 불가리아 출신의 새로 온 학생 Sofia가 우리 학교로 왔다. 나의 반 친구들과 나는 그녀와 친구가 되고 싶어서, 그녀에게 말을 걸려고 노력했다. 내가 "안녕, Sofia. 우리 학교에 온 것을 환영해. 너는 한국을 좋아하니?"라고 말했다. 그러자 그녀는 고개를 저었다. 유진이가 그녀에게 "Sofia, 너는 우리와 친구가 되고 싶니?"라고 물었다. 이번에도 그녀는 다시 고개를 저었다. 우리는 Sofia가 우리를 좋아하지 않는다고 생각했기 때문에 슬펐다. 그때, 그녀가 큰 소리로 웃었다. 그녀는 불가리아에서는 고개를 젓는 것이 '응'이고, 고개를 끄덕이는 것이 '아니'를 의미한다고 말했다.

1

해설 ⑤ 불가리아에서는 고개를 젓는 것이 '응'을 의미한다.

2

해설 빈칸 앞에서 우리와 친구가 되기를 원하는지를 묻는 질문이 나오고, 뒷부분에서 그녀가 우리를 좋아하지 않는다고 생각했다는 내용이 나오므로, '이번에도 그녀는 다시 고개를 저었다.'라는 문장이 이어져야 문맥상 자연스러운 흐름이 된다.

Unit 05 진행시제

Grammar Point 1. 현재진행시제

Check-up Exercises

1 (1) crying (2) running (3) tying (4) waiting (5) talking (6) working (7) writing (8) studying (9) meeting **2** (1) am singing (2) is lying (3) is cooking (4) are swimming

1

(1) 울다 (2) 달리다 (3) 묶다 (4) 기다리다
(5) 말하다 (6) 일하다 (7) 쓰다 (8) 공부하다
(9) 만나다

2

(1) 나는 노래를 부르는 중이다.
(2) 그녀는 풀밭에 누워 있는 중이다.
(3) 그는 저녁을 요리하는 중이다.
(4) 우리는 수영장에서 수영하는 중이다.

Grammar Point 2. 현재진행시제의 부정문과 의문문

Check-up Exercises

1 (1) is not[isn't] raining (2) are not[aren't] taking (3) is not[isn't] digging
2 (1) Is he walking (2) Is she working (3) Are they cutting (4) Are, playing

1

(1) 밖에 비가 오고 있지 않다.
(2) 그들은 지금 사진을 찍고 있지 않다.
(3) 내 개는 구덩이를 파고 있지 않다.

2

(1) 그는 집에 걸어가고 있다.
→ 그는 집에 걸어가고 있니?
(2) 그녀는 열심히 일하고 있다.
→ 그녀는 열심히 일하고 있니?
(3) 그들은 그 종이를 자르고 있다.
→ 그들은 그 종이를 자르고 있니?

(4) Tom과 Mike는 농구를 하고 있다.
→ Tom과 Mike는 농구를 하고 있니?

Grammar Point 3. 과거진행시제

Check-up Exercises

1 (1) was barking (2) was fishing (3) were waiting (4) were playing **2** (1) was helping (2) was playing (3) was surfing (4) were painting

1

(1) 그 개는 큰 소리로 짖고 있었다.
(2) 그는 그의 아빠와 낚시를 하고 있었다.
(3) 그들은 버스를 기다리고 있었다.
(4) 그 아이들은 정원에서 놀고 있었다.

2

(1) 그는 그의 엄마를 돕고 있었다.
(2) Jane은 바이올린을 연주하고 있었다.
(3) 나는 인터넷을 검색하고 있었다.
(4) 그들은 그때 벽을 칠하고 있었다.

Grammar Point 4. 과거진행시제의 부정문과 의문문

Check-up Exercises

1 (1) was not (2) wasn't (3) were not (4) weren't
2 (1) Was she writing (2) Was he watching
(3) Were they riding (4) Were, dancing

1

(1) 눈이 심하게 오고 있었다.
→ 눈이 심하게 오고 있지 않았다.
(2) 그녀는 식물에 물을 주고 있었다.
→ 그녀는 식물에 물을 주고 있지 않았다.
(3) 우리는 쇼핑을 하러 가고 있었다.
→ 우리는 쇼핑을 하러 가고 있지 않았다.
(4) 그들을 나를 보고 있었다.
→ 그들을 나를 보고 있지 않았다.

2

(1) 그녀는 편지를 쓰고 있었다.
→ 그녀는 편지를 쓰고 있었니?
(2) 그는 영화를 보고 있었다.
→ 그는 영화를 보고 있었니?
(3) 그들은 자전거를 타고 있었다.
→ 그들은 자전거를 타고 있었니?
(4) Kevin과 Sue는 춤을 추고 있었다.
→ Kevin과 Sue는 춤을 추고 있었니?

Grammar Practice

1 ① **2** ④ **3** am running **4** ② **5** They are hiking in the mountain. **6** ⑤ **7** ④ **8** ③ **9** ⑤ **10** He was watching a movie. **11** was swimming **12** ④ **13** was taking **14** ② **15** I was waiting for the bus.

1

① 먹다 – 먹고 있는
② 죽다 – 죽어 가는
③ 요리하다 – 요리하고 있는
④ 멈추다 – 멈추고 있는
⑤ 공부하다 – 공부하고 있는
해설 ① eat의 -ing형은 eating이다.

2

지금 비가 오고 있다.
해설 문장에 있는 now를 통해 빈칸에 들어갈 동사의 형태가 현재진행형이 되어야 함을 알 수 있다.

3

A: 너는 뭐 하는 중이니?
B: 나는 공원에서 달리고 있는 중이야.
해설 현재진행시제는 「be동사의 현재형+동사-ing」 형태로 쓴다. run은 「단모음+단자음」으로 끝나는 동사이므로, 마지막 자음을 한 번 더 쓰고 ing를 붙인다.

4

① 그는 자전거를 타고 있다.
② 우리는 꽃을 심고 있다.
③ Kevin은 노래를 부르고 있다.
④ 나의 고양이는 소파에서 자고 있다.
⑤ 그 아기는 방에서 울고 있다.
해설 현재진행시제는 「be동사의 현재형+동사-ing」 형태로 쓴다. ②는 주어가 We이므로 be동사 are가 들어가고, 나머지는 모두 주어가

3인칭 단수이므로 be동사 is가 들어간다.

5

그들은 산에서 하이킹을 한다.

해설 현재진행시제 문장을 만들 때는 「be동사의 현재형+동사-ing」 형태로 써야 한다. 이 문장에서는 주어가 they이므로 be동사 are를 사용한다.

6

① 나는 우유를 마시고 있다.

② 바깥이 어두워지고 있다.

③ 그는 그의 컴퓨터를 사용하고 있다.

④ 우리는 방학을 즐기고 있다.

⑤ Sue와 David는 벽을 칠하고 있다.

해설 ⑤ 주어인 Sue and David 뒤에 알맞은 be동사가 없다. 현재진행시제가 되려면 are painting이 되어야 한다.

7

나는 내 친구에게 문자 메시지를 보내고 있다.

해설 현재진행시제 문장을 부정문으로 만들 때는 be동사 뒤에 not을 쓴다.

8

A: 그는 파란색 셔츠를 입고 있니?

B: 아니, 그렇지 않아. 그는 흰색 셔츠를 입고 있어.

해설 B의 말에서 '그는 흰색 셔츠를 입고 있다'고 했으므로, 빈칸에는 부정의 대답이 들어가야 함을 알 수 있다.

9

A: 너는 숙제를 끝냈니?

B: 아니, 안 끝냈어. 나는 여전히 그것을 하고 있어.

해설 B의 대답을 통해 첫 번째 빈칸에는 과거시제로 써야 함을 알 수 있다. 두 번째 빈칸에는 여전히 숙제를 하고 있다는 내용이 되어야 하므로 현재진행시제로 써야 한다.

10

그는 영화를 봤다.

해설 과거진행시제로 문장을 만들 때는 「be동사의 과거형+동사-ing」 형태로 써야 한다. 이 문장에서는 주어가 he이므로 be동사 was를 사용한다.

11

A: 너는 그 때 무엇을 하고 있었니?

B: 나는 수영장에서 수영을 하고 있었어.

해설 과거진행시제로 물어봤으므로 과거진행시제로 답한다. 그림 속 남자아이가 수영을 하고 있으므로 was swimming이 알맞다.

12

그녀는 편지를 쓰고 있었다.

→ ④ 그녀는 편지를 쓰고 있었니?

해설 과거진행시제 문장을 의문문으로 만들 때는 be동사를 문장 맨 앞으로 옮기고 문장 끝에 물음표를 붙인다.

13

A: 너는 밤 9시에 자고 있었니?

B: 아니, 자고 있지 않았어. 나는 그때 샤워를 하고 있었어.

해설 과거진행시제는 「be동사의 과거형+동사-ing」 형태로 쓴다.

14

그 새들은 나무에서 노래를 부르고 있었다.

해설 과거진행시제 문장을 부정문으로 만들 때 not을 be동사 다음에 쓴다.

15

해설 과거진행시제는 「be동사의 과거형+동사-ing」 형태로 쓴다.

Write It Yourself

1 (1) is eating (2) is talking (3) is flying (4) are cleaning **2** (1) playing games (2) was running (3) wasn't watching, was reading

1

(1) David는 사과를 먹고 있다.

(2) Olivia는 Luke와 대화하고 있다.

(3) Sophia는 종이비행기를 날리고 있다.

(4) Aria와 Thomas는 교실을 청소하고 있다.

2

(1) A: 민지는 오후 7시에 게임을 하고 있었니?
B: 응, 맞아.

(2) A: 민지의 아빠는 오후 8시에 무엇을 하고 있었니?
B: 그는 공원에서 달리고 있었어.

(3) A: 민지의 엄마는 오후 9시에 TV를 보고 있었니?
B: 아니, 그녀는 그때 TV를 보고 있지 않았어.
그녀는 신문을 읽고 있었어.

Read and Think

1 ⑤ **2** your brain is getting stressed

당신은 공부를 하는 동안 음악을 듣나요? 당신은 TV를 보는 동안 스마트폰을 사용하나요? 아니면 당신은 먹는 동안 친구들에게 문자 메시지를 보내나요? 요즘, 많은 사람들은 한 번에 한 가지 일에 집중하지 않습니다. 그들은 동시에 많은 것들을 하고 있습니다. 만약 당신이 이와 같다면, 그것을 바꾸는 것이 좋습니다. 이것은 좋은 습관이 아닙니다. 당신이 많은 일들을 동시에 하는 동안, 당신의 뇌는 스트레스를 받고 있습니다. 또한, 당신은 오직 한 가지에만 집중하고 있지 않기 때문에 많은 실수를 할 겁니다.

1

해설 밑줄 친 This가 가리키는 것은 '동시에 여러 가지 일을 하는 것'이다.

2

해설 현재진행시제를 사용해서 문장을 써야 하므로 「be동사의 현재형+동사-ing」 형태로 써야 한다. get은 「단모음+단자음」으로 끝나는 동사이므로, 마지막 자음을 한 번 더 쓰고 -ing를 붙인다.

Unit 06 조동사

Grammar Point 1. 조동사 can

Check-up Exercises

1 (1) Can, leave (2) can understand (3) can't park [cannot park] **2** (1) cans → can (2) passes → pass (3) cooked → cook

2

(1) 그녀는 자동차를 운전할 수 있다.
(2) 나에게 소금을 건네줄래요?
(3) 그는 맛있는 식사를 요리할 수 있다.

Grammar Point 2. 조동사 will

Check-up Exercises

1 (1) Will (2) will (3) will not
2 (1) won't (2) move (3) help

2

(1) 우리는 유럽을 여행하지 않을 것이다.
(2) 그녀는 새 도시로 이사할 것이다.
(3) 너는 내 숙제를 도와줄래?

Grammar Point 3. 조동사 should

Check-up Exercises

1 (1) c (2) a (3) b
2 (1) shouldn't (2) should (3) should (4) Should

1

(1) 나는 감기에 걸렸다. – c. 너는 약을 좀 먹는 것이 좋겠다.
(2) 나는 자주 학교에 지각한다. – a. 너는 아침에 일찍 일어나는 것이 좋겠다.
(3) 나는 그녀에게 거짓말을 했다. – b. 너는 그녀에게 사과하는 것이 좋겠다.

Grammar Point

4. 조동사 must

Check-up Exercises

1 (1) follow (2) must (3) wear
2 (1) must (2) be (3) must

1

(1) 학생들은 그 규칙들을 따라야 한다.
(2) 그녀는 지각한 것에 대해 죄송하다고 말해야 한다.
(3) 당신은 차에서 안전벨트를 착용해야 한다.

Grammar Practice

1 ③ **2** ① **3** ⑤ **4** ② **5** will **6** ⑤ **7** ② **8** ⑤ **9** He will not[won't] be late for school. **10** should **11** ② **12** ⑤ **13** must not **14** ⑤ **15** follows → follow

1

당신은 저에게 우체국 가는 길을 말해 줄 수 있나요?
해설 '부탁'의 의미로 쓰인 조동사 can은 조동사 will과 바꿔 쓸 수 있다.

2

제가 화장실에 가도 되나요?
해설 조동사 can 뒤에 나오는 동사는 반드시 원형으로 쓴다.

3

① 나는 지금 너를 도울 수 없다.
② 내가 너의 펜을 빌려도 되니?
③ 우리는 중국어를 말할 수 없다.
④ 너는 이 문제를 풀 수 있다.
⑤ 나의 언니는 피아노를 칠 수 있다.
해설 ⑤ 주어가 3인칭 단수일지라도 조동사 can 뒤에는 -s를 붙이지 않는다.

4

① 그녀는 수영을 잘 할 수 있다.
② 제가 당신의 전화기를 사용해도 되나요?
③ 당신은 내 말을 또렷하게 들을 수 있나요?
④ Chris는 매운 음식을 먹을 수 없다.
⑤ 나의 개는 새로운 기술을 배울 수 있다.
해설 ②의 can은 '허락'의 의미로 쓰였고, 나머지는 모두 '능력'의 의미로 쓰였다.

5

A: 너는 이번 주말에 뭐 할 거니?
B: 난 머리카락을 자를 것 같아.
해설 '이번 주말'은 앞으로 다가올 미래이므로, 미래의 동작을 말할 때 사용하는 조동사 will을 써야 한다.

6

① Emily는 저녁 식사에 우리와 함께 할 것이다.
② 이번 토요일에는 비가 올 것이다.
③ 나는 내일 야구를 할 것이다.
④ 나의 남동생은 그 시험을 통과할 것이다.
⑤ 그들은 이번 달에 인천으로 이사 갈 예정이다.
해설 ①~④의 빈칸 뒤에는 동사원형이 있고, ⑤의 빈칸 뒤에는 going to가 있는 것으로 보아, ①~④는 조동사 will을 사용하여 미래 시제를 나타내고, ⑤는 be going to를 사용하여 미래의 예정된 계획을 나타냄을 알 수 있다.

7

A: 너는 그 파티에 올 거니?
B: 아니. 나는 집에 있을 거야.
해설 미래를 나타내는 조동사 will을 사용한 의문문에 답할 때는 will을 사용해야 한다. 부정의 대답을 할 때는 will not의 줄임말인 won't를 쓴다.

8

그녀는 서울을 여행한다.
→ ⑤ 그녀는 서울을 여행할 거니?
해설 will은 미래의 동작을 표현할 때 쓰는 조동사이다. 조동사 will이 쓰인 문장의 의문문은 「Will+주어+동사원형 ~?」의 형태로 쓴다.

9

해설 '늦지 않을 것이다'라고 했으므로 미래를 나타내는 조동사 will의 부정형 will not[won't] 뒤에 동사원형 be를 써서 문장을 완성한다.

10

A: 나는 오늘 몸이 좋지 않아.
B: 너는 휴식을 좀 취하는 것이 좋겠어.
해설 조동사 should는 '~하는 것이 좋겠다'라는 뜻으로 조언을 할 때 쓸 수 있다.

11

너는 일찍 잠자리에 들어야 해.

해설 조동사가 쓰인 문장의 부정문에서 not은 조동사 바로 뒤에 위치한다.

12

• 너는 사실을 말해야 한다.

• 그는 휴식을 취하는 것이 좋겠다.

해설 조동사 should는 '~해야 한다'와 '~하는 것이 좋겠다'라는 의미가 있다.

13

A: 당신은 여기에서 사진을 찍어서는 안 돼요.

B: 오, 죄송합니다. 저는 그것을 몰랐어요.

해설 must는 강한 의무를 나타내는 조동사로, 금지를 표현할 때는 must not을 사용한다.

14

A: 제가 교복을 입어야만 하나요?

B: 아니. 너는 그것을 입을 필요 없어.

해설 조동사 must를 써서 질문을 했을 때 부정의 대답은 두 가지로 할 수 있다. must not은 '~해서는 안 된다'라는 의미이고, don't have to는 '~할 필요가 없다'라는 의미이다. 교복을 입어야만 하는지 묻는 질문에 No.라고 답했으므로, 교복을 입을 필요가 없다는 의미가 되도록 빈칸에 don't have to를 쓰는 것이 알맞다.

15

모든 사람은 안전 수칙을 따라야만 한다.

해설 조동사 must 뒤에는 동사원형이 온다.

Write It Yourself

1 (1) must not feed (2) must put (3) must stop
(4) must not pick
2 (1) Can (2) can't (3) will, will

1

(1) 당신은 새들에게 먹이를 줘서는 안 됩니다.

(2) 당신은 쓰레기를 쓰레기통에 넣어야 합니다.

(3) 자전거는 여기에서 멈춰야 합니다.

(4) 당신은 꽃들을 꺾어서는 안 됩니다.

2

(1) B: 내가 너에게 부탁을 하나 해도 될까?
G: 물론이지. 그것이 뭔데?

(2) B: 너 이번 주말에 내 숙제를 도와줄 수 있어?
G: 미안하지만, 나는 할 수 없어. 나는 계획이 있어.

(3) B: 너 이번 주말에 무엇을 할 거야?
G: 나는 나의 삼촌(댁)을 방문할 거야.

Read and Think

1 ③ **2** You should follow these rules.

당신은 지진을 경험해 본 적이 있나요? 지진이 발생할 때 당신은 무엇을 해야 할까요? 이것들은 안전 수칙입니다. 첫째, 당신은 당신의 머리를 보호하고 탁자 아래에 숨어야 합니다. 둘째, 당신은 창문으로부터 멀리 떨어져 있어야 합니다. 창문이 깨질 수 있고, 그것은 당신을 다치게 할 겁니다. 셋째, 당신은 엘리베이터를 사용해서는 안 됩니다. 대신에, 당신은 계단을 사용하는 것이 좋습니다. 넷째, 만약 당신이 야외에 있다면, 당신은 개방된 장소로 이동해야 합니다. 당신은 이 규칙들을 따라야 합니다. 이 조언들은 지진이 발생하는 동안 당신이 안전하도록 도울 수 있습니다.

1

해설 화장실 욕조에 물을 받아 놓으라는 내용은 본문에 언급되지 않았다.

2

해설 충고나 조언을 표현할 때 조동사 should를 쓸 수 있습니다. should 뒤에는 동사원형을 씁니다.

Review Test 1

1 ② **2** ② **3** ⑤ **4** are not **5** doesn't live **6** ③ **7** ⑤ **8** ⑤ **9** (1) was not (2) didn't win **10** ② **11** ③ **12** ④ **13** Were you in the computer lab **14** Should I say sorry to her **15** ② **16** found, bought, didn't **17** is making **18** ① **19** ③ **20** he isn't[he's not] **21** ⑤ **22** ⓐ studies ⓑ watches **23** lost → lose **24** has to **25** (1) is going to get a haircut (2) is going to visit her grandma **26** ⑤ **27** ③ **28** was taking **29** (1) got (2) did (3) went **30** ④ **31** ④ **32** ② **33** ③

1

Sarah는 내 사촌이다. 그녀는 지금 샌드위치를 먹고 있다.

해설 첫 번째 문장은 현재시제, 두 번째 문장은 현재진행시제로 완성해야 하며, Sarah와 She에 어울리는 현재형 be동사는 is이다.

어구 cousin 사촌

2

내 가장 친한 친구 Peter는 ________________.

① 활동적이다

③ 영국에 있다

④ 싱가포르 출신이다

⑤ 유명한 래퍼이다

해설 be동사 뒤에는 명사(구)(⑤), 형용사(구)(①), 전치사+명사(구)(③, ④)가 온다.

어구 be from ~ 출신이다 rapper 래퍼

3

A: 너는 오늘 아침에 바빴니?

B: 아니, 그렇지 않았어. 나는 집에서 쉬고 있었어.

A: 지금은 어때? 너 바쁘니?

B: 사실, 맞아. 나는 수학 숙제로 바빠.

해설 대화의 흐름상 B의 마지막 말은 현재 시제가 되어야 하기 때문에 ⑤는 was가 아닌 am이어야 한다.

어구 relax 휴식을 취하다 be busy with ~로 바쁘다

4

해설 be동사를 사용한 문장의 부정문은 be동사 뒤에 not을 쓴다.

어구 classmate 학급 친구

5

해설 현재시제에서 일반동사가 사용된 문장의 부정문은 일반동사 원형 앞에 don't 혹은 doesn't를 쓰는데, 이 문장의 주어(My uncle)는 3인칭 단수이기 때문에 doesn't를 써야 한다.

6

안녕. 내 이름은 Michael이야. 나는 시드니에 살아. 나는 Sunrise 중학교에 다녀. 나는 보통 자유시간에 친구들과 야구를 해. 나는 미래에 야구선수가 되고 싶어.

해설 이름(Michael), 사는 곳(Sydney), 취미(play baseball), 장래 희망(to be a baseball player)은 언급되었지만 나이는 언급되지 않았다.

어구 usually 보통, 대개 free time 자유시간, 여가시간 in the future 미래에

7

A: 너와 네 남동생은 오전에 집에 있었니?

B: 아니, 그렇지 않아.

해설 '너와 네 남동생(you and your brother)'이라고 물었기 때문에 '우리(we)'라고 답해야 한다.

어구 in the morning 오전에

8

① 너는 자전거를 가지고 있니?

② 그들은 스페인어를 하니?

③ 네 부모님은 반려동물을 사랑하시니?

④ Sam은 이 쇼핑몰에서 일하니?

⑤ 네 여동생은 태권도를 배우니?

해설 ⑤ Does로 시작하기 때문에 주어(your sister)가 3인칭 단수라고 해도 그 뒤에는 동사원형(learn)을 써야 한다.

어구 Spanish 스페인어 pet 반려동물

9

(1) Anna는 그녀의 사무실에 있었다.

→ Anna는 그녀의 사무실에 있지 않았다.

(2) 우리는 그 게임에서 이겼다.

→ 우리는 그 게임에서 이기지 못했다.

해설 (1) be동사를 사용한 문장의 부정문은 be동사 뒤에 not을 써서 나타낸다.

(2) 일반동사 과거형을 사용한 문장의 부정문은 「didn't+동사원형」으로 나타낸다.
어구 office 사무실 win 이기다(won: 과거형)

10

_______ 그 새로운 프로젝트에 흥미가 있지 않았다.
① 나는 ② 너는[너희들은] ③ Kevin은 ④ 그 여자아이는 ⑤ Bob의 엄마는
해설 You는 be동사의 과거형 was가 아닌 were와 함께 써야 한다.
어구 be interested in ~에 흥미가 있다

11

_______ 항상 식사 전에 그녀의 손을 씻는다.
① 그녀는 ② 그 여자아이는 ③ 그 여자들은 ④ 내 여동생은 ⑤ 그의 딸은
해설 동사 자리에 washes가 있는 것으로 보아 주어는 3인칭 단수가 되어야 하는데, The women은 3인칭 복수이기 때문에 이 문장의 주어가 될 수 없다.
어구 before meals 식사 전에

12

A: 소미와 그녀의 여동생은 공원에 있니?
B: 아니, 그렇지 않아.
A: 그럼 그들은 지금 어디에 있니?
B: 소미는 집에 있고 그녀의 여동생은 도서관에 있어.
해설 (1) 주어(Somi and her sister)가 3인칭 복수이기 때문에 Is가 아닌 Are를 사용한다.
(2) No로 시작했으므로, not을 사용해서 aren't로 답한다.
(3) 주어(Somi)가 3인칭 단수이기 때문에 is를 쓴다.
어구 library 도서관

13

해설 be동사를 사용한 문장의 의문문은 「Be동사+주어 ~?」으로 나타낸다.
어구 computer lab 컴퓨터실

14

해설 조동사(should)를 사용한 문장의 의문문은 「조동사+주어+동사원형 ~?」으로 나타낸다.
어구 say sorry 미안하다고 말하다, 사과하다

15

해설 〈보기〉에 제시된 'do – did'는 '현재형 – 과거형'의 관계이므로, ②는 'have(현재형) – had(과거형)'이 되어야 알맞다.

16

나는 오늘 식료품점에 갔다. 나는 신선한 과일들을 발견했다. 그래서 나는 약간의 사과와 오렌지를 구입했다. 나는 딸기를 사지는 않았는데 왜냐하면 그것들이 너무 비쌌기 때문이다.
해설 과거시제로 쓰인 글이기 때문에 find, buy, don't의 과거형이 쓰여야 한다.
어구 grocery store 식료품점, 슈퍼마켓 fresh 신선한 strawberry 딸기 expensive 비싼

17

그는 지금 눈사람을 만들고 있다.
해설 현재진행형은 「be동사 현재형(am/are/is)+동사원형-ing」로 나타낼 수 있다.
어구 snowman 눈사람

18

① 제가 여기에 앉아도 될까요?
② 그들은 빠르게 달릴 수 있다.
③ 나는 기타를 연주할 수 있다.
④ 너는 스페인어를 말할 수 있니?
⑤ Sam은 스파게티를 만들 수 있다.
해설 ②~⑤의 can은 '~할 수 있다'는 뜻의 '능력'을 의미하는 반면, ①의 can은 '~해도 된다'는 뜻의 '허락'을 의미한다.
어구 play the guitar 기타를 연주하다

19

그 아이들은 그 당시 농구를 하고 있지 않았다.
해설 과거진행시제 문장의 부정문은 be동사 뒤에 not을 써서 나타낸다.

20

A: 네 남동생은 전화 통화 중이니?
B: 아니, 그렇지 않아. 그는 지금 그의 방에서 자고 있어.
해설 의문문의 대답에서는 인칭대명사를 사용하기 때문에, your brother에 맞는 인칭대명사 he를 이용해서 답한다.
어구 talk on the phone 전화 통화하다

[21-22]

유리는 일요일에 늦게 잠에서 깬다. 그녀는 보통 아침으로 토스트를 먹고 그녀의 강아지를 산책시킨다. 점심 식사 후에 그녀는 도서관에 가서 수학과 과학을 공부한다. 저녁때는 가족과 함께 영화를 보거나 체스 게임을 한다.
어구 wake up (잠에서) 깨다 toast 토스트 library 도서관 science 과학 chess 체스

21

해설 유리는 저녁때 친구들이 아닌 가족과 함께 체스 게임을 한다.

22

해설 주어(she)가 3인칭 단수이기 때문에 현재시제 문장에 사용된 일반동사의 끝에 -s 혹은 -es를 써 줘야 한다. 이때 study와 같이 「자음+y」로 끝나는 동사의 경우 y를 i로 고치고 -es를 붙여준다.

23

너의 아들은 어제 지갑을 잃어버렸니?

해설 일반동사 과거형을 사용한 문장의 의문문은 「Did+주어+동사원형 ~?」의 형태로 표현하기 때문에 lost가 아닌 lose(동사원형)를 써야 한다.

어구 lose 잃어버리다 wallet 지갑

24

그는 내일까지 그의 숙제를 끝내야만 한다.

해설 must는 '~해야 한다'라는 의무의 뜻을 갖고 있는 조동사이며 have to로 바꿔 쓸 수 있는데 주어가 3인칭 단수(He, She, ...)일 경우 has to로 쓴다.

어구 must ~해야 한다(=have to) by ~까지 tomorrow 내일

25

Judy의 오늘 계획

- 오전: 머리(카락) 자르기
- 오후: 그녀의 할머니 방문하기

(1) Judy는 오전에 머리를 자를 것이다.

(2) Judy는 오후에 그녀의 할머니를 방문할 것이다.

해설 '~할 예정이다'라는 뜻의 계획된 미래를 나타내는 문장은 「be going to+동사원형」의 형태로 나타낼 수 있다.

어구 get a haircut 머리(카락)를 자르다 be going to ~할 것이다

26

A: 너는 오늘 방과 후에 서점에 갈 거니?

B: 아니, 그렇지 않아. 나는 집에 가서 내 어린 남동생을 돌봐야 해.

해설 Will로 시작하는 질문에 대한 답은 「Yes, 주어+will.」 혹은 「No, 주어+won't.」로 할 수 있다.

어구 after school 방과 후에 take care of ~을 돌보다

27

① 그는 최선을 다했다.

② 우리는 정말 열심히 일했다.

③ 갑자기 음악이 멈췄다.

④ 그 어린 남자아이들은 함께 춤을 췄다.

⑤ 그 개는 땅에서 깡충깡충 뛰었다.

해설 ③ stop처럼 「단모음+단자음」으로 끝나는 동사의 과거형은 마지막 자음을 한 번 더 쓰고 -ed를 붙이기 때문에 stoped가 아닌 stopped가 되어야 한다.

어구 try one's best 최선을 다하다 suddenly 갑자기 hop 깡충 깡충 뛰다

28

A: 너는 오후 3시에 숙제를 하고 있었니?

B: 아니, 그렇지 않아. 나는 그때 낮잠을 자고 있었어.

해설 과거진행형 문장은 「was/were+동사-ing」로 나타내기 때문에 주어 I와 어울리는 과거형 be동사 was와 take에 -ing를 붙인 형태인 taking을 이용해서 문장을 완성한다.

어구 homework 숙제 take a nap 낮잠을 자다 at that time 그때, 그 당시

29

오늘 Brian은 아침 7시에 일어났다. 그는 그의 방을 청소하고 숙제를 했다. 점심 식사 후 그는 엄마와 쇼핑을 갔다. 저녁때 그는 그가 가장 좋아하는 소설을 읽었다.

해설 문맥상 모든 문장의 시제는 과거이기 때문에 동사에 맞는 과거형 표현을 써 준다.

어구 go shopping 쇼핑을 가다 favorite 가장[매우] 좋아하는

[30-31]

Jason은 나의 쌍둥이 형제이다. 그와 나는 공통점이 많지 않다. 먼저, 우리는 서로의 외모를 닮지 않았다. 그는 키가 크지만 나는 그렇지 않다. 게다가 그는 매운 음식을 좋아하지만 나는 매운 음식을 전혀 먹지 못한다. 그는 영어, 스페인어, 한국어를 말할 수 있다. 나는 오직 영어만 한다. 오, 우리도 공통점이 한 가지 있다. 우리 둘 다 강아지를 매우 좋아한다.

어구 twin 쌍둥이 have ~ in common 공통점이 있다 each other 서로 plus 더욱이, 게다가 spicy 매운 Spanish 스페인어 both 둘 다

30

해설 주어에 상관없이 조동사 can 다음에는 항상 동사원형을 써야 하기 때문에 ⓓ에는 speaks가 아닌 speak를 써야 한다.

31

해설 3개의 언어를 말할 수 있는 건 글쓴이가 아닌 글쓴이의 쌍둥이 형제 Jason이다.

32

몇 명의 남자아이들이 식당에서 뛰고 있다. 식당에는 많은 사람들이 있

고 바닥이 미끄럽다. 그래서 위험해 보인다. 나는 그 남자아이들에게 무언가 말해야 한다.
① 너희들은 빨리 달릴 수 있니?
② 너희들은 뛰지 말아야 해.
③ 너희들이 바닥을 청소할 거니?
④ 너희들은 천천히 걸을 필요가 없어.
⑤ 너희들은 더 많은 채소를 먹어야만 해.
해설 사람이 많고 바닥이 미끄러운 식당에서 뛰고 있는 아이들에게 할 수 있는 적절한 말은 'You should not run.'이다.
어구 restaurant 식당 slippery 미끄러운 dangerous 위험한 don't have to ~할 필요가 없다 slowly 천천히 vegetable 채소

33

Ted는 내 학급 친구이다. 그는 작년에 한국에 왔다. 오늘 나는 내가 제일 좋아하는 한국 식당에 그를 데리고 갔고, 우리는 점심으로 불고기를 먹었다. 그러고 나서 우리는 지역 카페로 갔고 한국 전통차와 간식을 즐겼다. 그는 다음 달에 그의 나라로 돌아갈 것이다. 나는 아주 슬플 것이다.
해설 (A) last year(작년)는 과거시제에 사용되는 부사구이기 때문에 과거형 came을 써야 한다.
(B) 오늘 했던 일을 과거시제로 표현하고 있기 때문에 과거형 had를 써야 한다.
(C) 미래시제에서 will 다음에 동사원형(go)을 써야 한다.
어구 classmate 학급 친구 last year 작년 local 지역의 traditional 전통의 next month 다음 달

Unit 07 명사와 대명사

Grammar Point 1. 셀 수 있는 명사 vs. 셀 수 없는 명사

Check-up Exercises

1 (1) Sam, dog, cat (2) boy, pandas
(3) Vegetables, health (4) sugar, coffee
2 (1) a cook (2) milk (3) cheese

1
(1) Sam은 개 한 마리와 고양이 한 마리가 있다.
(2) 한 소년이 판다들을 보고 있다.
(3) 채소는 건강에 좋다.
(4) 너는 네 커피에 설탕을 넣었니?

2
(1) 그녀는 요리사다.
(2) 너는 우유를 좋아하니?
(3) 접시 위에 치즈가 있다.

Grammar Point 2. 셀 수 있는 명사의 복수형: 규칙 변화 vs. 불규칙 변화

Check-up Exercises

1 (1) cars (2) deer (3) dishes (4) photos
(5) knives (6) foxes (7) feet (8) babies
2 (1) toys (2) friends (3) men (4) stories

1
(1) 일곱 대의 자동차
(2) 네 마리의 사슴
(3) 모든 접시
(4) 많은 사진
(5) 많은 칼
(6) 다섯 마리의 여우
(7) 두 발
(8) 세 명의 아기

2
(1) Chris는 많은 장난감을 가지고 있다.
(2) Kevin과 Amy는 친구다.
(3) 두 명의 남자가 배드민턴을 치고 있다.
(4) 나의 할머니는 많은 흥미로운 이야기를 아신다.

Grammar Point 3. 인칭대명사와 지시대명사

Check-up Exercises

1 (1) his (2) you (3) Our (4) them
2 (1) It (2) that (3) Those

1

(1) 이것은 나의 연필이야. 그의 것이 아니야.
(2) Sally는 오늘 아침에 너에게 전화했다.
(3) 우리의 담임 선생님은 친절하시다.
(4) A: 네 여동생들은 어디에 있니?
B: 나는 그들을 정원에서 봤어.

2

(1) 이것은 거미다. 그것은 여덟 개의 다리를 가지고 있다.
(2) A: 벤치 위의 저 사람은 누구니?
B: 그는 우리의 새로운 체육 선생님이셔.
(3) 저기에 있는 빨간 모자들을 봐. 저것들은 매우 멋져.

Grammar Point 4. 비인칭주어 it

Check-up Exercises

1 (1) It (2) It (3) It's (4) It was
2 (1) c (2) b (3) a (4) d

1

(1) 오늘은 맑다.
(2) 늦었어. 너는 지금 자러 가야 해.
(3) 봄이다. 나는 많은 아름다운 꽃들을 볼 수 있다.
(4) 그때 뉴욕에는 눈이 내리고 있었다.

2

(1) 은행까지 얼마나 먼가요?
– c. 약 2킬로미터예요.
(2) 오늘 며칠이에요?
– b. 7월 23일입니다.
(3) 오늘은 무슨 요일인가요?
– a. 금요일입니다.
(4) 우리가 불을 켜야 할까요?
– d. 아니요, 충분히 밝아요.

Grammar Practice

1 ② **2** ②, ③ **3** ①, ② **4** ④ **5** a[one] cat, dogs, them **6** ① **7** ① **8** These are, those are **9** ① **10** (1) animals (2) deer (3) his (4) time **11** ⑤ **12** Two thieves are stealing money. **13** ④ **14** (1) His (2) me (3) We **15** (1) these (2) are mine (3) them (4) me

1

① 나무 ② 빵 ③ 로봇 ④ 바이올린 ⑤ 컴퓨터
해설 ② bread는 물질명사로 셀 수 없는 명사이다.

2

책상 위에 _______이 있다.
① 동전들 ② 녹차 ③ 약간의 종이 ④ 두 개의 오렌지들 ⑤ 세 권의 공책들
해설 tea와 paper는 셀 수 없는 명사로서 단수 주어로 취급하여 단수동사를 사용해야 하므로 There are와 함께 쓸 수 없다.

3

_______는 새의 사진을 찍는 중이다.
① 그 ② 그녀 ③ 너[너희들] ④ 그들 ⑤ 그 아이들
해설 He와 She는 3인칭 단수 주어로 be동사 are와 함께 쓸 수 없다.

4

① 나는 TV를 가지고 있지 않다. ② Julia는 유명한 가수다.
③ 한국 메뉴가 있나요? ④ 그녀는 우산을 가지고 있니?
⑤ 우리는 부산에서 한 주를 보냈다.
해설 an은 셀 수 있는 단수명사 중 모음 발음으로 시작하는 단어 앞에 사용하는 것으로 umbrella 앞에 사용 가능하다.

5

A: 너는 집에 반려동물이 있니?
B: 응, 나는 고양이 한 마리와 개 두 마리를 길러. 나는 그것들을 많이 좋아해.
해설 고양이 한 마리는 a cat, 개 두 마리는 two dogs로 표현하며, 이것들을 가리키는 목적격 대명사로 them을 사용한다.

6

① 아기 두 명이 울고 있다.
② 나는 버터와 밀가루가 필요하다.
③ 우리는 많은 쿠키를 구웠다.

④ 그녀는 한 시간 후에 돌아올 것이다.

⑤ 나는 내 부모님께 편지를 썼다.

해설 ① baby는 「자음+y」로 끝나는 단어로, y를 i로 바꾼 후에 -es를 붙인다. Two babies가 옳은 표현이다.

7

• 어두워지고 있다. • 12월 14일이다. • 어제는 무척 쌀쌀했다.

해설 비인칭주어 it은 명암, 날짜, 날씨 등을 나타낼 때 사용한다.

8

해설 이것들은 these로 나타내고 저것들은 those로 나타낸다. 둘 다 모두 복수형 주어이므로 be동사로 are을 사용한다.

9

해설 There are 다음에 셀 수 있는 명사의 복수형이 주어로 나오므로, 첫 번째 빈칸에는 mouse의 복수형인 mice가 알맞다. bread는 셀 수 없는 명사로 단수 주어 취급하여 단수동사를 사용하므로 두 번째 빈칸에는 is가 필요하다.

10

나는 내 삼촌의 농장을 좋아해. (그곳엔) 많은 동물들과 나무들이 있어. 내 삼촌은 닭 다섯 마리, 사슴 일곱 마리, 그리고 말 세 마리를 가지고 있어. 나는 그의 농장을 다음 주에 방문할 거야. 너는 다음 주에 시간이 있니? 그러면 같이 나의 삼촌의 농장을 방문하자!

해설 (1) many 다음에는 셀 수 있는 명사의 복수형이 나와야 하므로 animals가 알맞다.

(2) deer의 복수형은 deer이다.

(3) farm 앞에 목적격이 아닌 소유격 his가 나오는 것이 알맞다.

(4) time은 '시간'이라는 의미로 사용될 때는 셀 수 없는 명사로 사용되므로, a를 앞에 쓰지 않는다.

11

① 그는 그들의 새로운 지도자니?

② 이것들은 매우 인기 있니?

③ 그녀는 세 명의 친한 친구들이 있다.

④ 우리는 물 없이 살 수 없다.

⑤ David는 대학생이다.

해설 ⑤ university는 철자는 모음으로 시작하지만 발음은 자음으로 시작하므로 a를 앞에 써야 한다.

12

해설 thief의 복수형은 thieves이고, '훔치고 있는 중이다'라는 의미는 현재진행형으로 나타낼 수 있다. money는 셀 수 없는 명사로 복수형을 쓰지 않는다.

13

① 1월 11일이다. ② 지금은 10시다.

③ 춥고 눈이 온다. ④ 그것은 내가 매우 좋아하는 노래다.

⑤ 여기서 멀지 않다.

해설 비인칭주어 it은 날짜, 시간, 날씨, 거리 등을 나타낼 때 사용하며 '그것'이라고 해석하지 않는다. ④의 It은 인칭대명사로 '그것'이라고 해석한다.

14

안녕, 나는 Emma야. 나는 내 사촌을 너에게 소개할게. 그의 이름은 Brian이야. 그는 수학을 아주 잘해. 그는 내 여동생과 나의 숙제를 도와줘. 우리는 그것에 대해 매우 고마움을 느끼고 우리는 그를 매우 많이 좋아해.

해설 (1) name 앞에 소유격으로 His를 사용한다.

(2) 동사 helps 다음에 목적격을 사용해야 하므로 me가 알맞다.

(3) 주어 자리에 해당하므로 '우리'라는 의미의 We가 알맞다.

15

해설 (1) '이것들'은 these로 표현한다.

(2) they가 주어이므로 are을 be동사로 쓰고, '내 것'이라는 의미는 mine으로 나타낸다.

(3) 동사 bought 다음에 목적어로 them을 사용한다.

(4) '나를 위해'라는 의미로 for 다음에 me를 사용한다.

Write It Yourself

1 (1) This is (2) It (3) These are (4) She

2 (1) It's (2) It's August (3) it's (4) it (5) It will

1

이것은 공원에서의 나의 가족사진이다. 이 사람은 나의 아빠이다. 그는 오렌지 주스를 마시고 있다. 그것은 그가 매우 좋아하는 음료이다. 이 사람들은 나의 엄마와 오빠다. 그들은 우리 강아지 루루를 산책시키고 있다. 이 사람은 나의 할머니다. 그녀는 선글라스를 끼고 책을 읽고 있다. 이 사람은 나다. 나는 귀여운 사슴들과 양들을 그리고 있다.

해설 (1) '이 사람은 ~이다'라는 의미로 This is ~를 사용한다.

(2) orange juice를 대신하여 It을 사용한다.

(3) '이 사람들은 ~이다'라는 의미로 These are ~를 사용한다.

(4) my grandmother를 대신하여 She를 사용한다.

2

아들: 엄마, 우리 가족 소풍 날이 언제예요?

엄마: 화요일이야.

아들: 화요일 날짜는 뭐예요?
엄마: 8월 2일이야.
아들: 오, 저는 그날에 모둠 프로젝트가 있어요. 그날을 수요일로 바꿔도 돼요?
엄마: 하지만 수요일에는 비가 올 거야.
아들: 그러면, 목요일은 어때요?
엄마: 일기예보에서는 무척 흐릴 거라고 하던데. 금요일은 어때? 하루 종일 맑을 거야.
아들: 좋아요! 금요일에 소풍 가요.
해설 (1) 요일을 나타낼 때 비인칭주어 it을 사용하며, It is의 축약형으로 It's를 사용한다.
(2) 날짜를 나타낼 때 비인칭주어 it을 사용하며, 축약형 It's로 쓴다. 8월은 August이다.
(3) 날씨를 나타낼 때 비인칭주어 it을 사용하며, 축약형 it's로 쓴다.
(4) 날씨를 나타낼 때 비인칭주어 it을 사용한다.
(5) 날씨를 나타낼 때 비인칭주어 it을 사용하며, 미래의 일이므로 it 뒤에 will을 같이 사용한다.

Read and Think

1 ④ **2** These animals, bread, butter

오늘은 학교의 학예제 날이었다! 하루 종일 비가 내렸지만 우리는 공연을 즐겼다. 많은 학생들이 자신의 재능을 선보였다. 민호는 우산으로 마술을 공연했다. 그의 마술 묘기는 환상적이었다! 수지는 K-pop 음악에 맞춰 춤을 췄다. 그녀의 춤 동작은 놀라웠다! 지현이와 호진이는 아름다운 노래를 불렀다. 나는 그들의 노래 제목인 '가을의 아름다운 잎'이 좋았다. 1학년 3반은 뮤지컬을 공연했다. 그 이야기는 고양이, 쥐, 여우가 등장하는 동물 세상에 관한 것이었다. 이 동물들은 맛있는 빵과 버터를 위해 협동했다.

1
해설 ④ fall은 '가을'이라는 뜻의 단어로, 지현이와 호진이가 부른 노래의 제목(The Beautiful Leaves in Fall)은 가을과 관련된 것이다.

2
해설 '이 동물들'은 these animals로 나타낼 수 있다. '빵'을 의미하는 bread와 '버터'를 의미하는 butter는 셀 수 없는 명사이므로, 복수형으로 쓰거나 a와 함께 쓰지 않는다.

Unit 08 형용사와 부사 1

Grammar Point 1. 형용사의 역할

Check-up Exercises
1 (1) windy (2) curly (3) tall (4) delicious
2 (1) a nice girl (2) a large desert (3) an American

1
(1) 오늘은 바람이 분다.
(2) 그녀는 곱슬곱슬한 머리카락을 가지고 있다.
(3) John은 매우 키가 크다.
(4) 이 블루베리 파이는 맛있다.

2
〈보기〉 그것은 고양이다. 그것은 검은색이다.
→ 그것은 검은색 고양이다.
(1) 미소는 소녀다. 그녀는 친절하다.
→ 미소는 친절한 소녀다.
(2) 사하라는 사막이다. 그것은 크다.
→ 사하라는 큰 사막이다.
(3) Andrew는 소년이다. 그는 미국 출신이다.
→ Andrew는 미국 소년이다.

Grammar Point 2. '많은' 수량을 나타내는 형용사

Check-up Exercises
1 (1) many (2) much (3) much (4) many
2 (1) lots of (2) much money (3) a lot of

1
(1) 책상 위에 많은 연필이 있다.
(2) 너무 많은 소금은 너에게 좋지 않다.
(3) 너는 얼마나 많은 얼음이 필요하니?
(4) 이 가방은 여러 가지의 색깔로 나온다.

2
(1) 우리는 많은 숙제가 있다.
(2) 그는 많은 돈을 가지고 있지 않다.
(3) 너는 많은 쿠키를 만들었니?

Grammar Point

3. 부사의 역할과 형태

Check-up Exercises

1 (1) fast (2) well (3) easily (4) hard
2 (1) kindly (2) late (3) really (4) straight

1

(1) 너무 빨리 운전하지 마.
(2) 나의 아버지는 영어를 잘 하실 수 있다.
(3) 나는 그 문제를 쉽게 풀 수 있다.
(4) Bob은 열심히 공부해서, 시험에 통과했다.

2

(1) 그는 친절히 나를 도와주었다.
(2) 나는 오늘 아침에 늦게 일어났다.
(3) 이것은 정말로 중요한 보고서다.
(4) 그는 매우 피곤하다. 그래서 그는 똑바로 걸을 수 없다.

Grammar Point

4. 빈도부사

Check-up Exercises

1 (1) ① (2) ② (3) ② (4) ①
2 (1) often wears (2) is usually (3) always remember (4) is never

1

(1) Tina는 항상 아침에 커피를 마신다.
(2) 나는 절대로 내 여동생의 자전거를 사용하지 않을 것이다.
(3) 수호는 가끔 학교에 늦는다.
(4) 나의 아버지는 대개 맑은 날에 선글라스를 착용하신다.

2

〈보기〉 나의 남동생은 가끔 아침에 늦게 일어난다.
(1) 그는 초록색 티셔츠를 자주 입는다.
(2) 이 선생님은 사람들에게 대개 친절하시다.
(3) 나는 너의 친절을 항상 기억할 것이다.
(4) 그녀는 자신의 테니스 수업에 절대로 늦지 않는다.

Grammar Practice

1 ① 2 ⑤ 3 ② 4 ④ 5 ③ 6 ⑤
7 Mina drives carefully, but Jiho drives carelessly.
8 (2): much sugar (3): many students
9 (1) many (2) much (3) many 10 ⑤ 11 ⑤
12 (1) always (2) difficult (3) hard (4) a lot of (5) never 13 (1) Luck → Luckily (2) greatly → great 14 ④ 15 seldom

1

① 슬픈 ② 빠른; 빨리 ③ 높은; 높게 ④ 늦은; 늦게 ⑤ 이른; 일찍
해설 ① sad는 '슬픈'이라는 의미의 형용사이며, '슬프게'라는 의미의 부사는 sadly로 쓴다.

2

내 남동생은 친절하고, 똑똑하고, _______다.
① 귀여운 ② 키가 큰 ③ 재미있는 ④ 발랄한 ⑤ 아름답게
해설 주어를 보충 설명해주기 위한 형용사가 들어가야 하는데, ⑤는 부사이다.

3

나는 생일에 _______ 선물을 받았다.
① 많은 ② 많은 ③ 몇몇의, 약간의 ④ 많은 ⑤ 많은
해설 present는 '선물'이라는 의미로 셀 수 있는 명사이다. 복수형 presents가 사용되었으므로 셀 수 없는 명사와 쓰이는 much는 빈칸에 알맞지 않다.

4

• Fred는 조용하고 수줍음이 많은 소년이다.
• 너는 도서관에서 조용히 해야 한다.
① 쉬운 ② 소리가 큰 ③ 불쌍한 ④ 조용한 ⑤ 어려운
해설 Fred의 성격을 표현할 수 있으면서도, 도서관에서의 상황을 고려할 때 어울리는 형용사는 quiet이다.

5

• 이 건물은 매우 높다.
• 그 연은 하늘 높이 날았다.
① 어려운; 열심히 ② 거의 ~ 아니다 ③ 높은; 높게 ④ 크게, 매우 ⑤ 쉽게
해설 high는 '높은'이라는 의미의 형용사와 '높이'라는 의미의 부사로 사용할 수 있다.

6

① 하루 – 나날의; 매일 ② 살다; 살아 있는 – 활기찬

③ 친구 – 친절한 ④ 주 – 매주의

⑤ 조심하는 – 주의 깊게

해설 ① 명사 – 형용사 / 부사 ② 동사 / 형용사 – 형용사 ③ 명사 – 형용사 ④ 명사 – 형용사 ⑤ 형용사 – 부사

7

Mina는 조심스럽게 운전하지만, Jiho는 부주의하게 운전한다.

해설 동사를 수식하는 부사가 되어야 하므로, carefully와 carelessly로 각각 고쳐야 한다.

8

(1) 나는 숲에서 많은 사슴을 보았다.

(2) 이 쿠키는 안에 너무 많은 설탕이 들어 있다.

(3) 운동장에 많은 학생들이 있나요?

(4) 우리는 너무 많은 물을 사용해서는 안 된다.

해설 (2) sugar는 셀 수 없는 명사이므로, 복수형을 쓸 수 없으며 much와 함께 사용해야 한다.

(3) student는 셀 수 있는 명사이므로 복수형을 사용할 때 much가 아닌 many와 함께 사용해야 한다.

9

Peter: 안녕, 지수야. 우리 같이 점심을 먹지 않을래? 나는 시내에 많은 좋은 식당을 알고 있어.

지수 : 불행하게도, 나는 시간이 많지 않아. 나는 과학 수업을 위한 숙제가 많거든.

Peter: 그거 참 안됐네. 하지만 걱정하지 마. 내가 그걸 도와줄 수 있어.

지수 : 진짜? 정말로 고마워.

Peter: 고맙기는. 지금 도서관으로 가자. 너의 숙제에 필요한 많은 책이 있어.

해설 (1) restaurant은 셀 수 있는 명사이므로 복수형 앞에 many를 사용한다.

(2) time은 '시간'이라는 의미로 사용된 셀 수 없는 명사이므로 much와 함께 사용한다.

(3) book은 셀 수 있는 명사이므로 복수형 앞에 many를 사용한다.

10

① 그녀는 정말로 나를 도와주었다.

② 너는 중국어를 잘하는구나.

③ 태양이 밝게 빛나고 있었니?

④ 너는 집에 왜 일찍 왔니?

⑤ 그 가수는 그의 팬들에게 친절하지 않다.

해설 ⑤ friendly는 '친절한'이라는 의미의 형용사이고, 나머지는 모두 동사를 수식하는 부사이다.

11

① 그는 절대로 비닐봉지를 사용하지 않는다.

② 나는 좀처럼 밤에 커피를 마시지 않는다.

③ 이 식당은 항상 붐빈다.

④ 그녀는 대개 주말에 집에 있다.

⑤ 너는 숲에서 자주 다람쥐를 볼 수 있다.

해설 빈도부사는 일반적으로 be동사와 조동사의 뒤, 일반동사의 앞에 위치하므로, ⑤의 often은 can 뒤에 위치해야 한다.

12

Tom은 학교 버스를 타기 위해 항상 일찍 일어난다. 그는 절대 학교에 늦지 않는다. 학교에서, 수학은 그에게 가끔 어렵지만, 그는 열심히 공부한다. 그는 보통 많은 숙제가 있지만 절대 포기하지 않는다.

해설 (1) Tom은 학교에 절대 늦지 않으므로 '항상 일찍 일어난다'는 의미를 나타내기 위해 always를 사용해야 한다.

(2) '수학이 가끔 어렵다'는 의미를 나타내기 위해 hard와 difficult가 사용 가능하지만, 주어진 표현을 한 번씩 써야 하므로, 형용사로만 사용되는 difficult를 빈칸에 사용해야 한다.

(3) '열심히 연습하다'라는 의미를 나타내기 위해 hard를 사용해야 한다.

(4) homework는 셀 수 없는 명사이므로 a lot of를 사용해야 한다.

(5) but이 있으므로 '절대 포기하지 않는다'는 의미를 나타내기 위해 never를 사용해야 한다.

13

A: 너 이번 일요일에 특별한 계획 있어?

B: 나는 내가 가장 좋아하는 가수의 콘서트에 갈 거야!

A: 와! Jason의 콘서트 말이니? 너는 어떻게 티켓을 구했어?

B: 운이 좋게도, 삼촌한테서 무료 티켓을 받았어.

A: 좋겠다. 좋은 시간 보내!

해설 (1) 문장 전체를 수식하기 위해 부사인 Luckily를 사용해야 한다.

(2) time을 수식하기 위해 형용사인 great을 사용해야 한다.

14

① 저녁 식사가 거의 준비됐니?

② 그녀는 시험을 형편없이 봤다.

③ 솔직히, 나는 아무에게도 말하지 않았다.

④ 제가 오늘밤 늦게까지 깨어 있어도 되나요?

⑤ 그 영화는 매우 흥미로웠다.

해설 ④ lately는 '최근에'라는 의미의 부사이며, '늦게까지 깨어 있다'라는 의미로 stay up late를 써야 한다.

15

해설 '좀처럼 ~ 않다'라는 의미로 seldom을 사용한다.

Write It Yourself

1 (1) yellow, large (2) brown, a lot of (3) very, busy (4) high (5) happily
2 (1) draws, every, always goes (2) sometimes plays (3) never drinks

1

(1) Q: James는 어떻게 생겼어?
A: 그는 키가 크고 노란색 모자를 쓰고 있어. 그는 큰 여행가방을 끌고 있어.

(2) Q: Amy는 어떻게 생겼어?
A: 그녀는 긴 갈색 머리카락을 가지고 있어. 그녀는 많은 쇼핑백을 들고 있어.

(3) Q: George는 무엇을 하고 있어?
A: 그는 출구에서 서둘러 나오고 있어. 그는 아주 바빠 보여.

(4) Q: Claire는 무엇을 하고 있어?
A: 그녀는 엄마와 아빠 사이에서 높이 점프하고 있어.

(5) Q: Claire의 부모님은 무엇을 하고 있어?
A: 그들은 그녀에게 행복하게 미소 짓고 있어.

해설 (1) James는 노란(yellow) 모자를 쓰고, 큰(large) 여행가방을 끌고 있다.
(2) Amy는 긴 갈색(brown) 머리에, 많은(a lot of) 쇼핑백을 들고 있다.
(3) George는 출구를 서둘러 나오고 있으므로 아주 바빠(very busy) 보인다.
(4) Claire는 높이(high) 점프를 하고 있다.
(5) Claire의 부모님은 Claire를 보고 행복하게(happily) 미소 짓고 있다.

2

(1) Eric은 매일 그림을 그린다. 그는 그림 수업에 항상 간다.
(2) Eric은 가끔 체스를 한다.
(3) Eric은 결코 탄산음료를 마시지 않는다.

해설 (1) '매일'은 every day로 표현하며, always는 일반동사 goes 앞에 사용한다.
(2) sometimes는 일반동사 plays 앞에 사용한다.
(3) never는 일반동사 drinks 앞에 사용한다.

Read and Think

1 ③ **2** is, busy, lots of, activities

매주 토요일, Jane은 밝은 해에 잠이 깬다. 그녀는 자신의 아늑한 침대에서 나와 아래층으로 내려간다. 그녀의 아빠는 항상 따뜻한 팬케이크와 같은 맛있는 아침 식사를 만든다. <u>그녀는 빨리 먹고 나서 친구들과 자전거를 타러 간다.</u> 그녀는 그들과 즐거운 시간을 보낸다. 두세 시간 후, 그녀는 집으로 돌아간다. 그런 다음 그녀는 대개 정원에서 드론을 날린다. 비가 오는 날에, 그녀는 가끔 그녀가 가장 좋아하는 캐릭터를 그린다. 그녀의 하루는 많은 활동들로 바쁘다.

1

해설 ③ 다음에 나오는 문장 속 them이 의미하는 것이 her friends이므로 주어진 문장은 ③에 들어가는 것이 알맞다.

2

해설 Her day는 3인칭 단수 주어이므로 be동사로 is를 사용하며, '바쁜'이라는 의미의 형용사 busy가 뒤따라 나온다. '많은 활동들'은 lots of activities로 표현한다.

Unit 09 형용사와 부사 2

Grammar Point 1. 비교급의 형태

Check-up Exercises

1 (1) faster (2) thinner (3) prettier (4) more happily **2** (1) c (2) d (3) a (4) b

1

(1) 빠른; 빨리 – 더 빠른; 더 빨리
(2) 얇은 – 더 얇은
(3) 예쁜 – 더 예쁜
(4) 행복하게 – 더 행복하게

2

(1) 나쁜 – 더 나쁜
(2) 잘 – 더 잘
(3) 적은 – 더 적은
(4) 많은 – 더 많은

Grammar Point 2. 비교급을 이용하여 표현하기

Check-up Exercises

1 (1) better (2) much (3) busier (4) more carefully
2 (1) Winter is colder than fall. (2) Canada is larger than Japan. (3) The book is more interesting than the movie. (4) Today's weather is worse than yesterday's.

1

(1) 너의 컴퓨터는 나의 영어보다 더 낫다.
(2) Tom은 그의 형보다 훨씬 더 힘이 세다.
(3) 나의 어머니는 나의 아버지보다 더 바쁘시다.
(4) 그녀는 그녀의 급우들보다 선생님 말씀을 더 주의 깊게 들었다.

2

〈보기〉 이 쿠키는 저 쿠키보다 더 달다.
(1) 겨울은 가을보다 더 춥다.
(2) 캐나다는 일본보다 더 크다.
(3) 그 책은 그 영화보다 더 재미있다.
(4) 오늘의 날씨는 어제의 날씨보다 더 나쁘다.

Grammar Point 3. 최상급의 형태

Check-up Exercises

1 (1) busiest (2) most famous (3) best (4) most
2 (1) fastest (2) hottest (3) worst (4) most meaningful

1

(1) 바쁜 – 가장 바쁜
(2) 유명한 – 가장 유명한
(3) 좋은 – 최고의
(4) 많은 – 가장 많은

2

(1) Donald는 가장 빨리 달린다.
(2) 일 년 중 가장 더운 달은 무엇인가요?
(3) 그녀는 그녀의 인생에서 가장 나쁜 선택을 했다.
(4) 오늘은 나에게 가장 의미 있는 날이다.

Grammar Point 4. 최상급을 이용하여 표현하기

Check-up Exercises

1 (1) smallest (2) longest (3) sports (4) most handsome **2** (1) (the) hardest (2) the heaviest (3) larger than any (4) the most interesting

1

(1) 이곳이 집에서 가장 작은 방이다.
(2) 중국의 만리장성은 세상에서 가장 긴 벽이다.
(3) 야구는 한국인들에게 가장 인기 있는 스포츠 중 하나이다.
(4) Liam은 나의 학교에서 가장 잘생긴 소년이다.

2

(1) 미나는 그녀의 반에서 가장 열심히 공부한다.
(2) 그 보라색 가방은 셋 중에서 가장 무겁다.
(3) 그린란드는 세상에서 다른 어떤 섬보다 더 크다.
(4) 그녀의 연설은 모든 연설들 중 가장 흥미로웠다.

Grammar Practice

1 ④ **2** ② **3** ③ **4** ② **5** (1) English is easier for me than Chinese. (2) Kelly is the smartest student in my class. **6** Today's test was one of the most difficult tests. **7** ④ **8** ④ **9** studies harder, any other student **10** ④ **11** much **12** ④ **13** draws pictures the best **14** (1) older than (2) is younger than **15** ⑤

1

① 나쁜 – 더 나쁜 – 가장 나쁜
② 낮은 – 더 낮은 – 가장 낮은
③ 적은 – 더 적은 – 가장 적은
④ 유명한 – 더 유명한 – 가장 유명한
⑤ 신나는 – 더 신나는 – 가장 신나는

해설 ④ famous의 비교급은 more famous이고, 최상급은 most famous이다.

2

이 꽃이 저 꽃보다 더 예쁘다.

해설 than이 있으므로 비교급을 사용해야 한다. ②의 prettier가 빈칸에 알맞다.

3

• 내 여동생은 전보다 더 많이 먹는다.
• 이 공연이 저 공연보다 더 지루하다.

해설 '더 많이 먹는다'라는 의미와 '더 지루하다'라는 의미를 나타내기 위해 more를 사용해야 한다.

4

• Tim은 그 일에 가장 알맞은 사람이다.
• 너는 항상 최선을 다해야 한다.

해설 '가장 알맞은'이라는 의미를 나타내기 위해 best를 사용해야 하며, do one's best는 '최선을 다하다'라는 의미의 표현이다.

5

(1) 영어는 나에게 중국어보다 더 쉽다.
(2) Kelly는 나의 반에서 가장 똑똑한 학생이다.

해설 (1) easy의 비교급은 easier이다.
(2) smart의 최상급은 smartest이다.

6

해설 주어로 Today's test를 사용하고, '가장 어려운 시험들 중 하나'는 one of the most difficult tests라고 표현한다.

7

그 책은 그 영화보다 훨씬 더 흥미롭다.

해설 비교급을 강조하기 위해 far, even, much, still을 사용할 수 있으나 very는 사용할 수 없다.

8

① 고양이는 개보다 더 귀엽다.
② 올해가 작년보다 더 덥다.
③ 가장 놀라운 점은 무엇이었니?
④ 그는 하루에 5시간보다 더 적게 자니?
⑤ 나의 13번째 생일은 내 인생에서 가장 행복한 날이었다.

해설 ④ than이 있으므로 원급 little이 아니라 '더 적게'라는 의미의 비교급 less가 알맞다.

9

해설 「비교급+than+any other+단수명사」는 '다른 어떤 …보다 더 ~한'이라는 최상급의 의미를 나타낸다.

10

a. 누가 Ben보다 더 높이 점프할 수 있니?
b. 네 방은 내 방보다 더 더럽다.
c. 저 질문은 가장 어려운 질문들 중 하나다.
d. 이 나라가 세상에서 다른 어떤 나라보다 더 작니?

해설 c. 「one of+the+최상급+복수명사」는 '가장 ~한 …들 중 하나'라는 의미로 the hardest question을 the hardest questions로 고쳐야 한다.

11

• 나를 도와줘서 매우 많이 고마워.
• 건강이 돈보다 훨씬 더 중요하다.

해설 '매우 많이'라는 의미를 나타내기 위해 very much를 사용하며, 비교급을 강조하기 위해 '훨씬'이라는 의미로 much를 사용할 수 있다.

12

기린은 지구상에서 가장 키가 큰 동물이다.

해설 '가장 키가 큰'이라는 의미로 최상급 the tallest를 사용한다.

13

호준이는 소미보다 그림을 더 잘 그린다. 도진이는 호준이보다 그림을 더 잘 그린다.

→ 도진이는 셋 중에서 가장 그림을 잘 그린다.
해설 셋 중에서 도진이가 그림을 가장 잘 그리므로 the best라는 최상급 표현을 사용할 수 있으며 the를 생략하는 것도 가능하다.

14
(1) 지호는 민수보다 더 나이가 많다.
(2) 민수는 지호보다 더 나이가 어리다.
해설 (1) 지호가 민수보다 더 나이가 많으므로 older than을 사용한다.
(2) 민수는 3인칭 단수 주어이므로 be동사 is를 쓰고, 민수가 지호보다 더 나이가 어리므로 younger than을 사용한다.

15
A: 나는 어제 이 쿠키들을 만들었어. 그것들은 지난번 쿠키들보다 더 좋은 맛이 나.
B: 내가 그것들은 한번 맛볼 수 있을까?
A: 물론이지. 좀 먹어봐.
B: 와! 이것들은 지금까지 먹어본 최고의 쿠키야!
해설 than 앞에 비교급 better를 사용하고, the 뒤에 최상급 best를 사용한다.

Write It Yourself

1 (1) more expensive (2) the most expensive
(3) is cheaper than
2 (1) cheaper than (2) is the fastest
(3) the longest (4) shorter than

1
(1) Chocolate Cake는 Cheesecake보다 더 비싸다.
(2) Carrot Cake는 모든 케이크 중에서 가장 비싸다.
(3) Orange Juice는 Apple Juice보다 더 싸다.
해설 (1) '더 비싼'이라는 의미로 more expensive를 사용한다.
(2) '가장 비싼'이라는 의미로 the most expensive를 사용한다.
(3) Orange Juice는 3인칭 단수 주어이므로 be동사로 is를 쓰고, '~보다 더 싼'이라는 의미로 cheaper than을 사용한다.

2
(1) Thunder Mountain의 표는 Turbo Twister의 표보다 더 싸다.
(2) Mega Adventure는 모든 롤러코스터 중에서 가장 빠르다.
(3) Turbo Twister는 모든 롤러코스터 중에서 가장 긴 탑승 시간을 가지고 있다.
(4) Mega Adventure의 대기 시간은 Thunder Mountain의 대기 시간보다 더 짧다.
해설 (1) '~보다 더 싼'이라는 의미로 cheaper than을 사용한다.
(2) Mega Adventure는 3인칭 단수 주어이므로 be동사로 is를 쓰고, '가장 빠른'이라는 의미로 the fastest를 사용한다.
(3) '가장 긴'이라는 의미로 the longest를 사용한다.
(4) '~보다 더 짧은'이라는 의미로 shorter than을 사용한다.

Read and Think

1 ④ 2 smarter, any, other

Super City에서, Super Family는 가장 높은 타워에 살고 있다. 아빠는 가장 힘이 세다. 그는 심지어 가장 무거운 것들도 쉽게 들어 올릴 수 있다. 엄마는 가장 빠르다. 그녀는 치타보다 더 빨리 달릴 수 있다. 오빠는 그 도시에서 가장 똑똑한 사람이다. 그는 많은 것을 알고 있고 그것들을 다른 사람들을 돕기 위해 사용한다. 여동생은 가장 배려심이 있는 사람이다. 그녀는 항상 다른 사람들의 말을 주의 깊게 듣는다. 그 도시의 사람들이 도움을 필요로 할 때, Super Family는 협동해서 그들을 돕는다.

1
① 가장 게으른 ② 가장 용감한 ③ 가장 슬픈 ④ 가장 배려심이 있는 ⑤ 가장 창의적인
해설 다른 사람들의 말을 주의 깊게 들어 주는 것은 배려심이 있다고 볼 수 있으므로, ④ most caring이 빈칸에 들어가는 것이 알맞다.

2
해설 빈칸 가운데 than이 있으므로, 비교급을 이용하여 최상의 의미를 나타내야 한다. 이런 경우, 「비교급+than+any other+단수 명사」를 사용한다.

Unit 10 전치사

Grammar Point — 1. 시간 전치사 Ⅰ

Check-up Exercises

1

in	on	at
the afternoon	Monday	noon
September	Parents' Day	breakfast
		10:30

2 (1) at (2) on (3) at, in (4) on, in

2

(1) 나는 어젯밤 저녁 식사 때 오랜 친구를 만났다.
(2) 그들은 결혼기념일에 멋진 식당을 방문했다.
(3) 그는 저녁 7시에 집에 왔다.
(4) 우리는 2020년 8월 15일에 결혼했다.

Grammar Point — 2. 시간 전치사 Ⅱ

Check-up Exercises

1 (1) before (2) for (3) During
2 (1) for, at (2) in, before (3) after, during
(4) On, for

1

(1) 부산 여행은 다음 주이다. 나는 여행 전에 일기예보를 확인할 것이다.
(2) 그들은 한 시간 동안 통화했다.
(3) 비행 중에 그녀는 소설을 읽었다.

Grammar Point — 3. 장소 전치사 Ⅰ

Check-up Exercises

1 (1) In (2) on (3) at (4) in
2 (1) at (2) on (3) on, in (4) at, in

1

(1) 영국에서는 사람들이 왼쪽으로 운전한다.
(2) 벽에 있는 그림을 봐라.
(3) 그는 어제 집에서 쉬었다.
(4) 새 한 마리가 하늘 높이 날고 있다.

2

(1) 나는 파티에서 스마트폰을 잃어버렸다.
(2) 나의 어머니 사무실은 2층에 있다.
(3) 너의 안경은 부엌에 있는 탁자 위에 있다.
(4) 그녀가 베를린에 있는 공항에서 우리를 태워줄 거야.

Grammar Point — 4. 장소 전치사 Ⅱ

Check-up Exercises

1 (1) on (2) between (3) under
2 (1) over (2) behind (3) in front of

1

(1) 그 탁자 위에 큰 물병이 있다.
(2) 그 탁자는 의자 두 개 사이에 있다.
(3) 고양이 한 마리가 그 탁자 아래에 있다.

Grammar Practice

1 ② **2** ④ **3** ⑤ **4** on **5** (1) on (2) at
6 in **7** ③ **8** (1) in summer (2) during the winter vacation **9** over → on **10** ⑤
11 (1) go outside after dinner
(2) are standing in front of the famous painting
12 (1) talk during the exam (2) behind the tree is
13 ④, ⑤ **14** ④ **15** ②

1

• 나는 보통 오전 7시에 일어난다.
• 나는 내일 아침 지하철역에서 그녀를 만날 것이다.

해설 오전 7시처럼 구체적인 특정 시점을 나타낼 때는 전치사 at을 쓴다. 지하철역처럼 특정 장소 앞에서도 전치사 at을 쓴다.

2

해설 식사 전에 손을 씻으라고 했으므로 before meals가 알맞다. 비누는 욕실 세면대 표면 위에 있으므로 전치사 on을 쓴다.

3

① 그는 2009년에 태어났다.
② 자정 전에 집으로 돌아와라.
③ 그는 손가락 사이로 펜을 굴렸다.

④ 새해 첫날, 우리는 조부모님을 방문한다.
⑤ 우리 가족은 이 마을에 5년 동안 살았다.
해설 ⑤ '5년'처럼 숫자를 사용한 기간이 나오면 during이 아니라 for를 쓰는 것이 알맞다.

4
• 그들은 잔디밭 위에 앉아 있다.
• 그 식당은 일요일에 여니?
해설 잔디밭 표면 위에 앉아 있는 것이므로 전치사 on을 쓰는 것이 알맞다. 요일 앞에는 시간 전치사 on을 사용한다.

5
(1) 우리는 Jane의 생일에 놀이공원에 갔다.
(2) 우리는 Jane의 생일파티에서 재미있는 게임을 했다.
해설 (1) 생일처럼 특별한 날 앞에는 전치사 on을 쓰는 것이 알맞다.
(2) 생일파티처럼 특별한 행사 앞에는 전치사 at을 쓰는 것이 알맞다.

6
A: 우리 체육관에 처음이신가요?
B: 네, 처음이에요.
A: 이 운동복으로 갈아입어 주세요. 그 다음, 옷을 사물함 안에 넣고 잠그세요.
해설 갈아입은 옷을 사물함 '안에' 넣는 것이므로, 공간의 내부를 표현할 때 쓰는 전치사 in이 알맞다.

7
(A) 나는 오후 6시부터 오후 8시까지 2시간 동안 방을 청소했다.
(B) 나의 엄마는 항상 아침에 커피를 마신다.
(C) 학생들이 교실에서 춤을 연습하고 있다.
(D) 그녀는 집에 도착해서 나에게 전화했다.
(E) 도로 위에 차가 많니?
해설 (A) for+숫자로 표현된 시간: ~ 동안에
(B) in the morning: 아침에
(C) 학생들이 교실 '안에서' 춤 연습을 하고 있으므로 공간의 내부를 표현할 때 쓰는 전치사 in이 알맞다.
(D) at home: 집에
(E) on the street: 길에, 거리에

8
(1) 나는 여름에 해변에 갈 것이다.
(2) 그녀는 겨울방학 동안 몽골로 여행을 갔다.
해설 (1) 계절 앞에는 전치사 in을 쓴다.
(2) 겨울방학처럼 특정 기간 '동안에'를 나타낼 때는 during이 알맞다.

9
그는 바닥 위에 누워 있다.
해설 그는 바닥 표면 위에 누워 있는 것이므로 over가 아니라 접촉면 위를 나타내는 전치사 on이 알맞다.

10
A: 나에게 소금을 좀 건네줄 수 있니?
B: 물론이지. 선반 위에 있는 용기지?
A: 아니, 저건 설탕이야. 소금은 선반 아래에 있어.
B: 아, 토마토 소스와 잼 사이에 있구나. 여기 있어.
A: 고마워.
해설 소금은 선반 아래 토마토 소스와 잼 사이에(between) 있다.

11
해설 (1) '~ 후에'를 뜻하는 시간 전치사 after를 알맞은 위치에 넣어 문장을 완성한다.
(2) '~ 앞에'를 뜻하는 장소 전치사 in front of를 알맞은 위치에 넣어 문장을 완성한다.

12
해설 (1) the exam(시험)이라는 구체적인 때나 기간 '동안에'를 의미하는 시간 전치사는 during이다.
(2) '~ 뒤에'를 의미하는 장소 전치사 behind를 사용한다.

13
그는 1995년에 도쿄에서 태어났다. 그는 결혼 전에 스페인에 있는 대학에서 디자인을 공부했다.
해설 ① in +도시 이름 ② in+연도
③ at+특정 장소 ④ in+국가 이름
⑤ before+행사/시간

14
① 고양이가 벤치 아래에 있다.
② 두 명의 여자아이가 벤치 위에 앉아 있다.
③ 새들이 나무 위로 날고 있다.
④ 나무들은 벤치들 앞에 있다.
⑤ 벤치들 사이에 있는 남자는 음악을 듣고 있다.
해설 ④ 나무는 벤치들 뒤에(behind) 있다.

15
① Mary는 한 시간 동안 배드민턴 수업을 들었다.
② 배드민턴 수업 전에, Mary는 샤워를 했다.
③ 샤워 후에, Mary는 저녁을 먹었다.
④ Mary는 저녁 7시 30분에 숙제를 시작했다.

⑤ Mary는 30분 동안 웹툰을 봤다.
해설 ② Mary는 배드민턴 수업을 받은 후에(after) 샤워를 했다.

Write It Yourself

1 (1) at (2) on (3) next to (4) in front of
2 (1) next to (2) at 5 p.m. (3) after
(4) on Wednesday

1
두 학생이 버스 정류장에서 기다리고 있다. 그들은 벤치 위에 앉아 있다. 한 남자가 쓰레기통 옆에 서 있다. 한 여자아이가 나무 앞에서 그녀의 휴대전화를 보고 있다.
해설 (1) 버스 정류장은 특정 지점을 가리키므로 전치사 at이 알맞다.
(2) 벤치 표면 위에 앉아 있으므로 전치사 on이 알맞다.
(3) 남자가 쓰레기통 옆에 서 있으므로 next to가 알맞다.
(4) 휴대전화를 보고 있는 여자아이가 나무 앞에 있으므로 in front of가 알맞다.

2
A: 실례지만, 저는 Maple 공원을 찾고 있어요.
B: 아, 거의 다 오셨네요. 한 블록 쭉 가셔서 오른쪽으로 도세요. 그것은 은행 옆에 있습니다.
A: 감사합니다. 거기서 지역 축제가 있는 거 맞죠?
B: 네. 오늘이 첫 번째 날이에요. 오후 5시에 시작해요.
A: 아, 20분 후군요. 저는 벼룩시장을 구경하고 싶거든요.
B: 서두르실 필요 없어요. 그것은 미니 콘서트 후에 시작해요.
A: 정말 감사합니다. 축제는 화요일에 끝나죠, 그렇죠?
B: 아니요, 그것은 수요일에 끝나요.
해설 (1) Maple 공원은 은행 옆에 있으므로 next to를 쓴다.
(2) 지역 축제는 월요일 오후 5시에 시작한다. 〈보기〉에 Monday가 없으므로 at 5 p.m.을 빈칸에 쓴다.
(3) 지역 축제 포스터에 따르면 벼룩시장(flea market)은 미니 콘서트(mini concert) 후에 시작하므로 시간 전치사 after를 쓴다.
(4) 지역 축제 포스터에 따르면 축제는 수요일(Wednesday)에 끝나며 요일 앞에는 시간 전치사 on을 쓴다.

Read and Think

1 ① 2 (1) 햄버거 식당 (2) 행복 (3) 학습 공간
(4) 도피처

Daniel과 Eric은 같은 마을에 살고 있다. 마을에서 그들이 제일 좋아하는 장소에 대해 읽어보자.
Daniel: 우리 마을에서 내가 제일 좋아하는 장소는 Hunger Burger이다. 그것은 Pine Street 모퉁이에 있는 새로 생긴 햄버거 식당이다. 나는 보통 방과 후에 친구들과 거기에 간다. 그곳은 맛있는 햄버거를 많이 판다. 내가 가장 좋아하는 것은 Classic Burger이다. 신선한 채소와 두툼한 고기 패티, 치즈가 두 개의 빵 사이에 들어 있다. 한 입만 먹어도 정말 행복해진다.
Eric : 마을에서 내가 제일 좋아하는 장소는 Sunflower 도서관이다. 그것은 Cherry Street의 지역 주민 센터 옆에 있다. 실내에는 조용한 학습 공간이 있다. 나는 거기에서 자주 책을 읽고 숙제를 한다. 책장은 재미있는 소설책과 만화책으로 가득 차 있다. 이 장소는 특히 시험 기간 동안 나의 도피처가 된다.

1
해설 ⓐ 모퉁이 같은 특정 지점을 표현할 때는 장소 전치사 at을 사용한다.

2
해설 (1) It(= Hunger Burger) is a new burger restaurant ~으로 보아, '햄버거 식당'이 알맞다.
(2) My favorite is the Classic Burger. / Just one bite of it makes me really happy.로 보아, Classic Burger를 먹는 것이 Daniel을 '행복'하게 만들어준다.
(3) Inside, there's a quiet study area. I often read books and do my homework there.로 보아, Eric은 도서관 내 조용한 '학습 공간'에서 자주 시간을 보낸다.
(4) This place becomes my escape, especially during exam season.으로 보아, 도서관은 시험 기간 동안 Eric의 '도피처'이다.

Unit 11 의문사와 의문문

Grammar Point 1. be동사의 의문사 의문문

Check-up Exercises

1 (1) What (2) When (3) are (4) is your brother

2 (1) c (2) a (3) d (4) e (5) b

1

(1) 프랑스의 수도는 무엇이니?
(2) 다음 휴일은 언제니?
(3) 내 바지가 어디에 있지?
(4) 너의 형은 누구니?

2

(1) 그녀의 생일은 언제니?
– c. 4월 5일이야.
(2) 너의 여행은 어땠어?
– a. 완벽했어.
(3) 네가 가장 좋아하는 색깔은 무엇이니?
– d. 나는 녹색을 좋아해.
(4) 내 안경이 어디에 있지?
– e. 그것은 의자 위에 있어.
(5) 너 누구에게 이야기하고 있었니?
– b. 나는 Steve에게 이야기하고 있었어.

Grammar Point 2. 일반동사의 의문사 의문문

Check-up Exercises

1 (1) did you find (2) does the train arrive (3) How (4) Who 2 (1) Where (2) How (3) What does (4) Who took

1

(1) 너는 그것을 어디에서 찾았니?
(2) 기차는 언제 도착하니?
(3) 너는 학교에 어떻게 가니?
(4) 누가 올해 과학을 가르치시니?

2

(1) A: 그를 어디서 만났어?
B: 도서관에서.
(2) A: 어떻게 도와드릴까요?
B: 저는 셔츠를 찾고 있어요.
(3) A: 그는 일요일마다 무엇을 하니?
B: 그는 게임을 해.
(4) A: 누가 이 사진을 찍었어?
B: Kate가 그것을 찍었어.

Grammar Point 3. 「의문사 + 명사」 의문문

Check-up Exercises

1 (1) What (2) Whose (3) What (4) Which

2 (1) Whose (2) What (3) Which (4) What

1

(1) 너는 어떤 나라를 방문하고 싶니?
(2) 누구의 전화기가 울리고 있니?
(3) 너는 어떤 종류의 음악을 좋아하니?
(4) 너는 여름과 겨울 중 어느 계절을 더 좋아하니?

2

(1) A: 누구의 교과서가 탁자 위에 있니?
B: 그것은 Sarah의 것이야.
(2) A: 너는 어떤 종류의 음악을 좋아하니?
B: 나는 힙합을 좋아해.
(3) A: 너는 어느 손을 주로 사용하니?
B: 오른손.
(4) A: 영화는 몇 시에 시작하니?
B: 오후 2시 30분에.

Grammar Point 4. 「의문사 + 형용사 / 부사」 의문문

Check-up Exercises

1 (1) many (2) much (3) far (4) long

2 (1) How tall (2) How much (3) How often (4) How many

1

(1) 너는 이번 달에 몇 권의 책을 읽었니?
(2) 너의 커피에 얼마나 많은 설탕을 원하니?
(3) 학교는 너의 집에서 얼마나 머니?
(4) 파리에 얼마나 오래 머물렀니?

2

(1) A: 너의 남동생 키는 얼마나 되니?
　B: 175센티미터야.
(2) A: 너는 얼마나 (많은) 시간이 필요하니?
　B: 10분.
(3) A: 너는 얼마나 자주 스포츠를 하니?
　B: 일주일에 세 번.
(4) A: 친구들 몇 명이 파티에 왔니?
　B: 다섯 명.

Grammar Practice

1 ① **2** ④ **3** ② **4** How **5** (1) When (2) how **6** ③ **7** (1) does he use the taxi (2) Which do you prefer **8** ③ **9** ② **10** ⑤ **11** (1) What are you going to do this weekend (2) How much money do we need **12** (1) Which does Mike like (2) Where did you buy **13** ⑤ **14** Where can I try on **15** ④

1

A: 너 안색이 별로 안 좋아 보인다. 무엇이 문제이니?
B: 나는 심한 감기에 걸렸어.
해설 의문사 What이 '무엇'이라는 뜻으로 쓰였으며 What is the problem?은 어디가 아픈지 묻거나 무슨 문제가 있는지 물을 때 쓰는 표현이다.

2

A: 너 어젯밤 집에 언제 왔니?
B: 저녁 9시 30분에. 나는 도서관에서 공부했어.
A: 늦었네. 얼마나 오래 거기에 있었어?
B: 3시간 정도.
해설 A의 첫 번째 말은 B가 어젯밤 집에 언제 돌아왔는지를 묻기 위한 질문이므로, 첫 번째 빈칸에는 의문사 When을 쓴다. A의 두 번째 말은 B가 얼마나 오래 있었는지 묻기 위한 질문이 되어야 하므로, 두 번째 빈칸에는 의문사 How를 쓴다.

3

① A: 이것은 누구의 지우개니?
　B: 그것은 내 거야.
② A: 그는 언제 운동하니?
　B: 일주일에 두 번.
③ A: 너는 점심으로 무엇을 먹었니?
　B: 치즈버거.
④ A: 너의 반에는 몇 명의 학생들이 있니?
　B: 스물세 명.
⑤ A: 영어 교실은 어디니?
　B: 4층에 있어.
해설 ② Twice a week.는 '일주일에 두 번.'이라는 뜻으로 빈도를 묻는 말에 대한 대답이므로, 밑줄 친 의문사 When을 How often으로 고쳐야 한다.

4

• 제주도 수학여행은 어땠니?
• 이 흰색 치마는 얼마니?
해설 '어떻게', '얼마나'라는 뜻을 가진 의문사는 How이다.

5

A: 우리 수학 시험이 언제지?
B: 다음 주 목요일이야.
A: 오, 얼마나 많은 단원을 공부해야 하지?
B: 세 단원. 1단원부터 3단원까지.
해설 (1) A의 첫 번째 말은 수학 시험이 언제인지를 묻기 위한 질문이므로, 의문사 When을 쓴다.
(2) '얼마나 많은'이라는 뜻을 완성하기 위해 의문사 how를 쓴다.

6

① 누가 너에게 그 이야기를 말해줬니?
② 우리의 새로 오신 역사 선생님은 누구시니?
③ 너는 자유시간에 무엇을 하니?
④ 그는 누구와 영화를 봤니?
⑤ 그녀는 자기 생일 파티에 누구를 초대할까?
해설 ③에는 '무엇'을 뜻하는 의문사 What이 들어가고, 나머지는 모두 '누구/누가'를 뜻하는 의문사 Who가 들어간다.

7

(1) 그는 한 달에 얼마나 자주 택시를 이용하니?
(2) 축구와 야구 중 너는 어느 것을 선호하니?
해설 (1) 일반동사의 의문사 의문문의 올바른 어순은 「의문사+조동사+주어+동사원형 ~?」이다. 따라서 he uses를 does he use로 써야 한다.
(2) 제한된 범위 안에서 사물을 선택하도록 묻고 있으므로, 의문사 Which를 써야 한다.

8

A: 무엇이 그녀를 그렇게 화나게 만들었니?

B: 그녀의 전화기가 고장 났어.

① 그녀는 지금 무엇을 하고 있니?

② 누가 그 창문을 깼니?

④ 그녀는 어제 어디에 갔었니?

⑤ 탁자 위에 누구의 전화기가 있니?

해설 그녀의 전화기가 고장 났다고 대답하고 있으므로, 그녀에게 무슨 일이 일어났는지 묻는 질문으로 알맞은 것은 ③ What made her so angry?이다.

9

A: 너는 방과 후에 자유시간이 얼마나 있니?

B: 약 두 시간 정도.

① 집에서.

③ 컴퓨터 게임.

④ 10분 후에.

⑤ 일주일에 세 번.

해설 방과 후에 자유시간이 얼마나 있는지 묻는 질문에 알맞은 대답은 ② About two hours.이다.

10

① A: 날씨가 어떠니?
B: 비가 와.

② A: 은행은 어디에 있니?
B: 병원 옆에.

③ A: 누가 이 피자를 만들었니?
B: 나의 아버지가 그것을 만들었어.

④ A: 기차는 언제 떠나니?
B: 10분 후에.

⑤ A: 다음에 무슨 수업이 있니?
B: 수업 네 개.

해설 ⑤ 「What+명사」는 '무슨[어떤] ~'이라는 뜻이다. 다음에 무슨 수업이 있냐는 질문에 수업의 개수를 말하는 대답은 어색하다.

11

해설 (1) 「의문사(What)+be동사(are)+주어(you)+going to+동사원형(do)+부사구(this weekend)?」의 어순으로 써야 한다.

(2) 돈(money)은 셀 수 없는 명사이므로 How much가 와야 하며 「How much money+조동사(do)+주어(we)+동사원형(need)?」의 어순으로 써야 한다.

12

해설 (1) 제한된 범위 안에서 선택하도록 묻고 있으므로, 알맞은 의문사는 Which이다. Which는 뒤에 명사 없이 단독으로 쓰이기도 한다.

(2) '어디'를 뜻하는 의문사는 Where이며, 「의문사(Where)+조동사(did)+주어(you)+동사원형(buy) ~?」의 어순으로 써야 한다.

13

A: 너 소식 들었니? 민수가 미국에서 돌아온대.

B: 오, 나는 몰랐어. 그는 언제 돌아올까?

A: 다음 달에.

해설 일반동사의 의문사 의문문의 올바른 어순은 「의문사+조동사+주어+동사원형 ~?」이다. 따라서 ⑤는 he will을 will he로 고쳐야 한다.

14

A: 이 바지를 어디서 입어볼 수 있나요?

B: 당신 바로 뒤, 거울 옆이요.

해설 위치를 답해 주고 있으므로, 바지를 입어볼 수 있는 장소를 물어보는 질문이 완성되어야 한다. 「의문사(Where)+조동사(can)+주어(I)+동사원형(try on) ~?」의 어순으로 쓴다.

15

A: 엄마, 우리 이번 주 일요일에 할머니, 할아버지 댁 방문하는 거죠, 그렇죠?

B: 그렇단다, Jenny. 준비 다 됐니?

A: 네! 우리 거기에 어떻게 갈 것인가요?

B: 버스나 기차로.

A: 어느 것이 더 빠르죠?

B: 기차가 버스보다 더 빨라.

해설 ④ 기차와 버스 중 하나를 선택하도록 묻는 질문에 알맞은 의문사는 Whose가 아니라 Which이다.

Write It Yourself

1 (1) where are (2) What book are (3) Who wrote
2 (1) What time (2) where are (3) How long
(4) What lesson

1

Peter: 실례지만, 공상 과학책은 어디에 있나요?

사서 : 오른쪽 두 번째 책장에 있어요. 어떤 책을 찾고 있나요?

Peter: 'The Martian'을 찾고 있어요.

사서 : 같은 제목의 책이 세 권 있어요. 누가 그것을 썼나요?

Peter: Anna Lee요. 그 책 있나요?

사서 : 확인해 볼게요. 네, 있습니다.

해설 (1) '어디에'라는 뜻의 의문사 where가 와야 하며 뒤에 3인칭 복수인 the sci-fi books가 나왔으므로 뒤에 be동사로 are가 나오는 것이 알맞다.
(2) '어떤 책'을 뜻하는 What book이 와야 하며 뒤의 be동사는 주어인 you에 맞추어 are가 알맞다.
(3) '누가'라는 뜻의 의문사 Who가 와야 하며 여기서 의문사가 주어 역할을 하고 있으므로 동사 wrote가 바로 이어진다.

2

Hannah: 엄마, 저 겨울방학 생활 계획표 만들었어요!
엄마 : 와, 멋져 보이네. 그것에 대해서 말해줄래? 너는 몇 시에 일어날 거니?
Hannah: 저는 오전 8시에 일어날 거예요.
엄마 : 오, 그러면 너는 아침 식사 후에 어디에 갈 거니?
Hannah: 저는 봉사 활동하러 도서관에 갈 거예요.
엄마 : 너는 거기에 얼마나 오래 있을 거니?
Hannah: 2시간 동안이요.
엄마 : 너는 점심 식사 후에 어떤 수업을 들을 거니?
Hannah: 저는 태권도 수업을 들을 계획이에요.
해설 (1) '몇 시'라는 의미가 되어야 하므로 What time이 알맞다.
(2) '어디에'라는 의미의 의문사 where가 와야 하며 뒤에는 be동사 are가 온다.
(3) '얼마나 오래'라는 의미가 되어야 하므로 How long이 알맞다.
(4) '어떤 수업'이라는 의미가 되어야 하므로 What lesson이 알맞다.

Read and Think

1 ⑤ **2** What, do

이번 달 학교 잡지에, 저희 학생 기자 Tim이 새로 오신 체육 선생님인 김 선생님을 인터뷰했습니다.
Tim : 안녕하세요, 김 선생님. 이 인터뷰를 위해 시간 내주셔서 감사합니다. 첫 번째 질문을 시작하겠습니다. 선생님께서는 언제 체육 선생님이 되기로 결심하셨나요?
Mr. Kim: 안녕, Tim. 중학교 때였지. 나의 중학교 야구팀 코치님이 내 롤 모델이었어. 나는 그분처럼 좋은 선생님이 되는 걸 꿈꿨단다.
Tim : 와, 멋지네요. 선생님께서는 어떤 스포츠를 가르치는 것을 가장 좋아하시나요?
Mr. Kim: 축구, 왜냐하면 그것은 학생들에게 팀워크와 민첩한 사고력을 가르쳐주기 때문이지.
Tim : 저도 축구를 좋아해요. 제 마지막 질문은, 선생님께서는 우리 학교에 오기 전 어디에서 가르치셨나요?
Mr. Kim: 부산에 있는 고등학교에서 5년 동안 가르쳤단다.

1

해설 I taught in a high school in Busan for five years.로 보아, ⑤가 내용과 일치함을 알 수 있다.
① 유명 신문사가 아니라 학생 기자 Tim과 인터뷰를 했다.
② 올해 학교를 떠나는 게 아니라 새로 오신 체육 선생님이다.
③ 축구팀이 아니라 야구팀 코치님이 롤 모델이었다.
④ 야구가 아니라 축구를 가르치는 것을 좋아한다.

2

해설 '무슨[어떤] ~'을 뜻하는 「What+명사」를 활용하여 의문문을 완성한다. 일반동사 love가 쓰였으므로 올바른 어순은 「What+명사(sport)+조동사(do)+주어(you)+동사원형(love) ~?」이다.

Unit 12 다양한 문장

Grammar Point 1. 명령문

Check-up Exercises

1 (1) Write (2) turn (3) Don't stay (4) Don't be
2 (1) b (2) d (3) e (4) c (5) a

1
(1) 네 이름을 여기 써라.
(2) 수업 중에 휴대전화를 꺼라.
(3) 너무 늦게까지 안 자고 깨어 있지 마라.
(4) 학교에 늦지 마라.

2
(1) 돈을 저축해라, 그러면 그녀에게 좋은 선물을 사줄 수 있다.
(2) 너의 숙제를 끝내라, 그러면 TV를 볼 수 있다.
(3) 불을 꺼라, 그러면 전기를 절약할 수 있다.
(4) 네 코트를 입어라, 그렇지 않으면 감기에 걸릴 것이다.
(5) 조용히 해라, 그렇지 않으면 아기를 깨울 것이다.

Grammar Point 2. 제안문

Check-up Exercises

1 (1) join (2) Let's not (3) study (4) bake
2 (1) Let's not (2) Shall (3) Let's (4) How about

1
(1) 우리 학교 밴드에 가입하자.
(2) 탄산음료를 너무 많이 마시지 말자.
(3) 우리 시험공부 같이 할까?
(4) Tom의 생일을 위해 케이크를 굽는 게 어때?

2
(1) 그 공원은 정말 붐빈다. 거기에서 축구하지 말자.
(2) 배고파지네. 우리 점심 먹으러 나갈까?
(3) 물을 충분히 마시자. 그것은 우리 건강에 좋아.
(4) 우리 3시간 동안 일했어. 잠깐 쉬는 게 어때?

Grammar Point 3. 부가의문문

Check-up Exercises

1 (1) aren't (2) didn't (3) will (4) shall
2 (1) No, am not (2) Yes, can

1
(1) 이것은 Harry의 안경이지, 그렇지 않니?
(2) 너 어젯밤에 그 컴퓨터를 사용했지, 그렇지 않니?
(3) 쓰레기를 주워라, 그렇게 할래?
(4) 계획을 바꾸자, 그렇게 할까?

2
(1) A: 너 방과 후에 바쁘지, 그렇지 않니?
B: 아니, 나는 바쁘지 않아.
(2) A: 그는 스키를 탈 수 없어, 그렇지?
B: 아니, 그는 탈 수 있어.

Grammar Point 4. 감탄문

Check-up Exercises

1 (1) What (2) What (3) How (4) How
2 (1) What an interesting book (2) How fast
(3) How spicy (4) What a funny joke

1
(1) 너는 정말 똑똑한 생각을 갖고 있구나!
(2) 그들은 정말 멋진 차를 운전하는구나!
(3) 이 상자는 정말 무겁구나!
(4) 그녀는 노래를 정말 잘하는구나!

Grammar Practice

1 ② **2** ③ **3** ① **4** will **5** (1) not (2) shall **6** ③ **7** (1) doesn't he (2) Use this map (3) brave the students are **8** ④ **9** ④ **10** ⑤ **11** (1) Let's not waste time on social media (2) How high the cat jumps
12 (1) Hurry up, and (2) fell asleep, didn't you
13 nice weather it is **14** ② **15** ①

1

네 가방을 지금 싸라, 그렇지 않으면 여행에 늦을 것이다.

해설 '~해라, 그렇지 않으면 …일 것이다'를 표현하기 위해서는 명령문 뒤에 or를 쓰는 것이 알맞다.

2

A: 오늘 밤에 영화 보러 가자.

B: 좋아. 우리 숙제 없지, 그렇지?

A: 응, 없어.

해설 상대방에게 제안할 때 쓰는 제안문은 「Let's+동사원형」으로 쓸 수 있다. 앞에서 don't가 쓰였으므로 알맞은 부가의문문의 형태는 do we?이다.

3

① 우리 잠깐 쉬는 게 어때?

② 그들은 정말 크게 웃고 있구나!

③ 나 정말 재미있는 게임을 했구나!

④ 너의 ID와 비밀번호를 잊지 마.

⑤ 그는 정답을 몰라, 그렇지?

해설 ① Why don't we로 시작하는 제안문의 올바른 형태는 「Why don't we+동사원형 ~?」이다. 그러므로 taking이 아닌 take로 써야 알맞다.

4

• 공공장소에서 뛰지 마, 그렇게 할래?

• 그는 파티에 오지 않을 거야, 그렇지?

해설 명령문의 부가의문문은 긍정, 부정에 상관없이 will you?를 쓴다. 앞의 평서문이 부정문이고 조동사 won't가 쓰였으므로 알맞은 부가의문문의 형태는 will he?이다.

5

A: 오늘 비가 올 거래. 나가지 말자.

B: 그래. 그러면, 대신 비디오 게임 할래?

A: 좋아.

해설 (1) 어떤 행동을 하지 말자고 제안할 때는 「Let's not+동사원형」을 쓴다.

(2) 대신 다른 것을 하자고 제안하는 상황이므로, 「Shall we+동사원형 ~?」으로 묻는 것이 알맞다.

6

① 그는 정말 훌륭한 점수를 받았구나!

② 정말 끔찍한 교통체증이구나!

③ 별이 정말 밝게 빛나는구나!

④ 그녀는 정말 많은 손님을 초대했구나!

⑤ 너는 정말 멋진 친구들을 두었구나!

해설 감탄문은 「What+(a/an)+형용사+명사+(주어+동사)!」 또는 「How+형용사/부사+(주어+동사)!」의 형태로 만든다. ③의 빈칸 뒤에는 바로 부사가 나왔으므로 How가 들어가고, 나머지는 모두 What이 들어간다.

7

(1) 민수는 축구를 잘해, 그렇지 않니?

(2) 이 지도를 사용해, 그러면 너는 길을 잃지 않을 거야.

(3) 정말 용감한 학생들이구나!

해설 (1) 부가의문문은 「be동사/조동사+주어(대명사)?」의 형태로 만든다.

(2) 명령문은 동사원형으로 시작한다.

(3) How로 시작하는 감탄문은 「How+형용사/부사+(주어+동사)!」의 형태이다.

8

A: Linda는 우리 단체 채팅방에 없지, 그렇지?

B: 응, 없어. 내가 그녀를 초대할게.

해설 부가의문문에 응답할 때는 평서문의 정보에 대해서 응답한다. Linda가 단체 채팅방에 없다고 응답해야 하므로 No, she isn't.가 알맞은 응답이다.

9

A: ① 외식하러 가자. ② 쇼핑하러 갈래? ③ 밖에서 노는 게 어때? ⑤ 새로운 식당에 가 보는 게 어때?

B: 당연히 좋지. 가자.

해설 Why not?은 상대의 제안을 수락할 때 쓰는 응답이다. 따라서 빈칸에는 나가서 어떤 행위를 하자고 제안하는 표현이 와야 알맞다. ④ '두 블록 쭉 가서 왼쪽으로 도세요.'는 제안하는 것이 아니라 방향을 지시하는 명령문이다.

10

① A: 음악 소리 좀 줄여줘.
B: 그래.

② A: 너는 피곤하지, 그렇지 않니?
B: 응, 피곤해.

③ A: 자전거 타러 가자.
B: 미안하지만, 나는 못 가.

④ A: 여기서 플래시를 사용하지 마세요.
B: 알겠습니다, 끌게요.

⑤ A: 너는 정말 아름다운 드레스를 입고 있구나!
B: 괜찮아.

해설 ⑤ 드레스가 아름답다고 칭찬하는 감탄문에 대한 알맞은 응답은 Thank you. 등의 감사 표현이다.

11

해설 (1) '~하지 말자'라는 의미의 제안문은 「Let's not+동사원형」으로 표현한다.

(2) How로 시작하는 감탄문은 「How+형용사/부사+(주어+동사)!」의 형태이다.

12

해설 (1) '~해라, 그러면 …할 것이다'라는 의미는 「명령문, and ~.」로 표현할 수 있다.

(2) 앞의 평서문에는 fall asleep(잠들다)의 과거형 fell asleep을 쓴다. 평서문이 긍정이면서 일반동사 과거형이 쓰였으므로, 부가의문문은 didn't you?를 쓴다.

[13 - 14]

A: 날씨가 정말 좋구나!

B: 맞아, 정말 화창하고 따뜻하다. 한강으로 소풍 가자, 그렇게 할까?

A: 완벽해.

13

해설 What으로 시작하는 감탄문은 「What+(a/an)+형용사+명사+(주어+동사)!」의 형태로 쓴다.

14

해설 제안문의 부가의문문은 긍정, 부정에 상관없이 shall we?를 쓴다.

15

이 조리법을 따라 하세요, 그렇지 않으면(→ 그러면) 여러분은 파스타를 쉽게 만들 수 있습니다. 첫째, 큰 냄비에 물을 끓이세요. 둘째, 소금 약간과 파스타 면을 냄비에 넣으세요. 셋째, 8~10분 동안 그것을 조리하세요. 마지막으로 물을 쏟아내고 여러분이 제일 좋아하는 소스를 추가하세요. 얼마나 간단한가요!

해설 ① 내용상 '이 조리법을 따라 하세요, 그러면 여러분은 파스타를 쉽게 만들 수 있습니다.'가 되어야 하므로 or가 아니라 and가 알맞다.

Write It Yourself

1 (1) don't use (2) Don't be late (3) wear (4) speak

2 (1) don't you (2) How interesting (3) Shall we

1

안녕하세요, 한국 중학교에 입학하신 걸 환영합니다. 몇 가지 중요한 학교 규칙을 설명할게요. 첫째, 여러분은 학교에 휴대전화를 가져올 수 있습니다. 하지만 수업 중에는 그것을 사용하지 마세요. 둘째, 항상 시간을 준수하세요. 학교와 수업에 늦지 마세요. 셋째, 교복을 올바르게 착용하세요. 넷째, 선생님과 학급 친구들을 존중하세요. 귀 기울여 듣고 그들에게 예의 바르게 말하세요.

해설 (1) 수업 중에 휴대전화를 사용하지 말라는 부정 명령문이 알맞으며, don't 뒤에 동사원형 use를 쓴다.

(2) 학교나 수업에 늦지 말라는 부정 명령문이 알맞으며, Don't 뒤에 '늦다'는 의미의 be late를 쓴다.

(3) 교복을 올바르게 착용하라는 긍정 명령문이 알맞으며, 동사원형 wear를 쓴다.

(4) 선생님과 학급 친구들에게 예의 바르게 말하라는 긍정 명령문이 알맞으며, 동사원형 speak를 쓴다.

2

A: 와, *The Driver*라는 새 영화가 곧 개봉하네!

B: 오, 그거 어떤 종류의 영화야?

A: 스릴러. 너 스릴러 좋아하잖아, 그렇지 않니?

B: 응, 좋아해. 무엇에 관한 영화인데?

A: 자율 주행 자동차에 관한 영화야. 그것이 사람들을 알 수 없는 목적지로 데려간대.

B: 재미있겠는데! 그 영화 언제 개봉해?

A: 다음 주 수요일. 같이 그거 보러 갈래?

B: 물론이지. 정말 기대돼.

해설 (1) 앞의 평서문이 긍정문이고 일반동사 현재형이 쓰였으므로, 부가의문문은 don't you?를 쓴다.

(2) 감탄문이 되어야 하므로 형용사 interesting과 How를 이용하여 「How+형용사(interesting)+주어(it)+동사(sounds)!」로 완성한다.

(3) 제안문이 되어야 하므로 shall을 이용하여 「Shall we+동사원형 ~?」의 형태로 쓴다.

Read and Think

1 ④ 2 an amazing speed it has

마침내, 우리의 새로운 놀이공원인 Magic Kingdom이 문을 열었습니다. 이곳은 재미와 모험으로 가득 찬 세계입니다. 심지어 거대한 롤러코스터도 있습니다. 그것은 놀라운 속도를 가지고 있습니다! 그래서 여러분은 손잡이를 꽉 잡아야 할 것입니다. 신나는 놀이기구뿐만 아니라, 여러분은 놀이공원에서 맛있는 음식과 간식을 즐길 수 있습니다. 여러분은 저희의 솜사탕을 먹어봐야 합니다. 그것은 정말 달콤하거든요. 여러분은 여기 있는 모든 것을 좋아할 것입니다, 그렇지 않나요? 요즘 날씨가 매우 덥고 화창합니다. 그러니 방문할 때 모자와 자외선 차단제를 잊지 마세요. 재미와 즐거움(신남)을 위해 놀이공원에 오세요. 놀이공원에서 만나요!

1

해설 놀이공원 안에서 맛있는 음식과 간식을 즐길 수 있다고 했으므로, ④는 내용과 일치하지 않는다.

2

해설 「What+an+형용사(amazing)+명사(speed)+주어(it)+동사(has)!」의 어순으로 쓴다.

Review Test 2

1 ③ **2** ② **3** her **4** (1) taller than (2) the tallest **5** ③ **6** ⑤ **7** ② **8** ① **9** ④ **10** doesn't, didn't **11** ② **12** before **13** behind **14** ⑤ **15** ① **16** the most difficult question **17** ④ **18** (1) on (2) in (3) at **19** smarter than any other **20** ⑤ **21** ④ **22** ④ **23** Let's not forget to turn off the lights **24** What an interesting topic it is **25** (1) in (2) for (3) on **26** in front of **27** often **28** ② **29** ② **30** ② **31** ⓐ dishes ⓑ really **32** ③ **33** ①

1

새로운 이탈리아 음식점에 사람이 ______.

① 조금 있다 ②, ④, ⑤ 많다

해설 much는 셀 수 없는 명사 앞에 사용되는 수량 형용사인데, people은 셀 수 있는 명사(person)의 복수형이기 때문에 much가 그 앞에 올 수 없다.

어구 restaurant 식당 some 약간의 lots of 많은 a lot of 많은

2

• 그는 내게 흥미로운 이야기를 말해 줬다.

• 나는 한 시간 전에 강당에 있었다.

해설 문맥상 빈칸에 공통으로 '하나'를 뜻하는 관사가 필요하고, 이 경우 자음 발음 앞에는 a를 쓰고 모음 발음 앞에는 an을 쓴다. interesting[íntərəstiŋ]과 hour[auər]이 모두 모음 발음으로 시작하기 때문에 an을 써야 한다.

어구 interesting 흥미로운, 재미있는 auditorium 강당 ago ~ 전에

3

나에게는 딸이 하나 있다. 그녀는 13살이다. 그녀와 나는 공통점이 많다. 그녀는 항상 나를 행복하게 만들어 준다. 나는 그녀를 많이 사랑한다.

해설 '그녀를'에 해당하는 인칭대명사는 she의 목적격인 her이다.

어구 daughter 딸 have many things in common 공통점이 많다 always 항상 a lot 많이

4

(1) Joshua는 Eric보다 키가 크다.

(2) Scott은 세 명 중 키가 제일 큰 학생이다.

해설 (1) Joshua가 Eric보다 키가 크기 때문에 「비교급+than」을 사용해서 묘사할 수 있다. (2) Scott이 셋 중에서 제일 키가 크기 때문에 「the+최상급」을 사용해서 문장을 완성할 수 있다.

어구 height 키, 높이

5

내 남동생의 스마트폰은 내 것보다 훨씬 더 비싸다.

해설 much, far, even, still, a lot은 비교급을 강조할 때 사용하는 표현들이다.

어구 expensive 비싼

6

해설 나머지는 모두 '주격–소유대명사' 관계인데 ⑤번은 '주격–소유격'의 관계이다.

7

① Tony는 토론토에 살아, 그렇지 않니?

② 그녀는 아침을 먹고 있어, 그렇지 않니?

③ Jenny는 스페인어를 말할 수 없어, 그렇지?

④ 네 부모님은 화가 안 나셨었어, 그렇지?

⑤ 너는 지난주에 캠핑을 갔었어, 그렇지 않니?

해설 각각의 부가 의문문은 앞에 사용된 동사의 종류와 시제 및 주어의 인칭과 수에 맞게 다음과 같이 사용되어야 한다. ① wasn't he → doesn't he ③ can they → can she ④ did they → were they ⑤ don't you → didn't you

어구 breakfast 아침 식사 go camping 캠핑을 가다

8

A: 나는 여기 있게 되어서 아주 신이 나.

B: 나도 그래. 우리 무엇을 먼저 할까?

A: 워터 슬라이드를 먼저 타는 게 어때?

B: 좋아.

해설 That sounds great.은 '좋아.'라는 뜻으로서 Why don't we ~?로 물은 제안에 대해 승낙하는 표현으로 사용되었다.

어구 waterslide 워터 슬라이드(수영장에 설치된 미끄럼틀)

9

① 그 아기들은 많이 울었다.

② 나는 몇 개의 감자가 필요하다.

③ 너는 양치질을 해야 한다.

④ 우리는 가을에 형형색색의 나뭇잎들을 볼 수 있다.

⑤ 많은 학생들이 축구 동아리에 가입했다.

해설 leaf의 복수형은 leaves이다.

어구 brush one's teeth 양치질을 하다 colorful 화려한, 형형색색의 autumn 가을

10

David은 지난밤에 숙제를 다 끝냈어, 그렇지 않니?

해설 앞에 사용된 동사(finished)의 시제가 과거형이기 때문에 doesn't가 아닌 didn't를 써야 한다.

어구 finish one's homework 숙제를 끝내다

11

A: 영화는 몇 시에 시작하니?

B: 3시 30분에 시작해.

A: 알았어. 우리 어디에서 만날까?

B: 스낵바 앞에서 만나자.

해설 시각을 물을 때는 What time ~?, 장소를 정할 때는 Where ~?를 이용하여 질문한다.

어구 in front of ~ 앞에 snack bar 스낵바(간단한 음식을 파는 곳)

12

해설 '~ 전에'라는 뜻의 전치사 before를 사용한다.

어구 report 보고서 deadline 마감일

13

해설 '~ 뒤에'라는 뜻의 전치사 behind를 사용한다.

어구 hide 숨다 couch 소파

14

① 10시 45분이다.

② 일요일이다.

③ 12월 26일이다.

④ 오늘은 날씨가 화창하지 않다.

⑤ 그것은 내 가방이 아니다.

해설 ①~④의 It은 비인칭주어로 사용되었고 ⑤의 It은 '그것'이라는 뜻의 인칭대명사로 사용되었다.

어구 December 12월 backpack (뒤로 매는) 가방, 배낭

15

① 그녀는 보통 아침을 거른다.

② 그 은행은 언제나 붐빈다.

③ Jay는 절대 네게 다시 전화하지 않을 것이다.

④ 나는 종종 내 조부모님을 방문한다.

⑤ 너는 가끔 내 전화를 사용해도 된다.

해설 빈도부사는 보통 be동사와 조동사의 뒤, 일반동사의 앞에 위치한다. 따라서 일반동사(skips)가 사용된 ①은 She usually skips breakfast.라고 써야 한다.
어구 skip 거르다, 건너뛰다 usually 대개, 보통 always 항상, 언제나 crowded 붐비는, 혼잡한 often 종종, 자주 grandparents 조부모(할아버지와 할머니) sometimes 가끔, 때때로

16
해설 difficult와 같은 3음절 이상의 형용사는 최상급을 만들 때 끝에 -est를 붙이지 않고 「the most+형용사」의 형태로 나타낸다.
어구 difficult 어려운 question 문제, 질문

17
나의 새 친구 Jack은 로스앤젤레스 출신이다. 그는 아주 __________.
① 키가 크다 ② 멋지다 ③ 똑똑하다 ⑤ 다정하다
해설 ④ slowly(천천히)와 같은 부사는 단독으로 be동사 바로 뒤에 올 수 없다.

18
(1) 그녀는 4월 10일에 태어났다.
(2) 우리는 겨울에 종종 스키를 타러 간다.
(3) 나는 보통 오전 6시 30분에 잠에서 깬다.
해설 날짜 앞에는 on, 계절 앞에는 in, 특정 시각 앞에는 at을 사용한다.
어구 be born 태어나다 go skiing 스키 타러 가다 wake up (잠에서) 깨다

19
Sarah는 나의 반에서 가장 똑똑한 학생이다.
= Sarah는 나의 반에서 다른 어떤 학생보다 더 똑똑하다.
해설 「비교급+than any other+단수명사」는 '다른 어떤 …보다 더 ~한'이라는 의미로 최상의 의미를 나타낸다.

20
Bob은 세계에서 가장 유명한 배우들 중 한 명이다.
해설 「one of the+최상급+복수명사」 형태로 써야 하기 때문에 ⑤는 actor가 아닌 actors가 되어야 한다.
어구 in the world 세계에서

21
A: 너의 전화를 충전하는 것을 잊지 마.
B: 그래, 잊지 않을게.
해설 부정 명령문은 Don't나 Never 뒤에 동사원형을 써서 나타낸다.
어구 charge 충전시키다

22
① A: 너 어디에 있었니?
B: 나는 욕실에 있었어.
② A: 네가 가장 좋아하는 과목은 뭐니?
B: 내가 가장 좋아하는 과목은 수학이야.
③ A: 제가 어떻게 시청에 갈 수 있을까요?
B: 직진한 뒤 코너에서 우회전하세요.
④ A: 점심시간은 언제니?
B: 한국 음식점에서.
⑤ A: 너는 왜 여행을 취소했니?
B: 내가 아팠기 때문이야.
해설 ④의 대화에서 언제(When)냐고 묻는 질문에 장소(At the Korean restaurant)를 말했기 때문에 자연스럽지 않다.
어구 bathroom 욕실 subject 과목, 교과 city hall 시청 go straight 직진하다, 똑바로 가다 turn right 우회전하다, 오른쪽으로 돌다 cancel 취소하다

23
해설 '~하지 말자'라고 표현할 때는 Let's 뒤에 not을 써서 「Let's not+동사원형」의 형태를 사용한다.
어구 forget 잊다 turn off (전원을) 끄다

24
해설 What으로 시작하는 감탄문은 「What+(a/an)+형용사+명사+(주어+동사)!」의 형태로 나타낸다.
어구 topic 주제

25
나의 삼촌은 세계를 여행하고 있다. 지금 그는 파리에 있다. 그는 에펠탑을 방문하고 야경을 즐길 예정이다. 그는 다음 주에 런던으로 이동할 것이다. 그는 그곳에 3일 동안 머물 계획이다. 그는 5월 15일에 한국으로 돌아올 것이다.
해설 (1) 도시 이름 앞에는 in을 쓴다. (2) '~ 동안'의 뜻으로 숫자 앞에 쓸 수 있는 전치사는 for이다. (3) 특정 날짜 앞에는 on을 쓴다.
어구 travel around the world 세계 여행을 하다 the Eiffel Tower 에펠탑 night view 야경

26
그녀는 거울 앞에 서 있다.
해설 '~ 앞에'라는 뜻의 전치사 in front of를 사용한다.
어구 mirror 거울

27
A: 너는 도서관에 얼마나 자주 가니?

B: 일주일에 두 번.

해설 How often ~?은 '얼마나 자주 ~?'라는 뜻으로 해석되며 어떤 일의 빈도를 물을 때 사용한다.

어구 twice 두 번

28

• 서둘러, 그렇지 않으면 너는 늦을 거야.

• 코너에서 왼쪽으로 돌아, 그러면 너는 그 가게를 찾을 수 있을 거야.

해설 명령문과 뒤에 이어지는 '~할(일) 것이다'라는 내용 사이에 적절한 접속사를 넣어야 한다. 「명령문+and ...」는 '~해라, 그러면 …일 것이다', 「명령문+or ...」는 '~해라, 그렇지 않으면 …일 것이다'라는 뜻이다.

어구 hurry up 서두르다 store 가게

29

a. Michael은 그의 반에서 가장 빠르게 달린다.

b. 건강은 돈보다 더 중요하다.

c. Jenny는 그녀의 가족 중에서 가장 어린 사람이다.

d. 그는 이 마을에서 다른 어떤 남자아이보다 더 똑똑하다.

해설 b는 비교급 문장이기 때문에 most 대신 more를 써야 하고, d는 「비교급+any other+단수명사」 구조이기 때문에 boys가 아닌 boy를 써야 한다.

어구 health 건강 important 중요한

[30-31]

Wang's Table은 이 마을에서 가장 인기 있는 식당이다. 그것은 중국 음식점이다. 그것은 나의 집에서 아주 멀리 떨어져 있지는 않다. 사람들은 이 식당에서 딤섬을 좋아하고 나도 또한 그것을 좋아한다. 다른 요리들도 또한 정말 맛있다. 나는 이 식당을 좋아한다.

어구 popular 인기 있는 far from ~로부터 먼 dim sum 딤섬(중국식 작은 만두 요리) dish 요리, 음식 delicious 맛있는

30

① 중국 ② 딤섬 ③ Wang's Table ④ 글쓴이의 마을 ⑤ 글쓴이의 집

해설 대명사 it은 바로 앞에 언급된 딤섬(the dim sum)을 가리킨다.

31

해설 ⓐ에는 dish의 복수형인 dishes, ⓑ에는 real의 부사 형태인 really를 써야 한다.

32

① Daniel은 Scott만큼 빠르다.

② Scott은 Eric보다 더 빠르게 달린다.

③ Gary는 Daniel보다 더 천천히 달린다.

④ Eric은 4명의 학생들 중 가장 느리다.

⑤ Gary는 다른 어떤 학생보다 더 빠르게 달린다.

해설 ③ Gary는 100미터를 12초에 달리고 Daniel은 15초에 달리기 때문에 Gary가 Daniel보다 더 빠르게 달린다고 말해야 한다.

어구 slowly 천천히, 느리게

33

당신은 맛있고 건강한 음식을 찾고 있나요? 비빔밥을 드셔 보세요. 그건 피자나 햄버거보다 훨씬 더 건강한 음식입니다. 당신은 채소가 당신의 건강에 좋다는 걸 알고 있습니다, 그렇지 않나요? 비빔밥은 그 안에 많은 채소를 가지고 있습니다. 그것은 또한 맛있습니다. 당신은 그것을 좋아할 겁니다.

해설 (A) 명령문은 동사원형으로 시작한다.

(B) 뒤에 than이 있는 것으로 보아, '비빔밥이 더 건강한 음식'이라는 뜻의 비교급 표현이 사용되어야 한다.

(C) 앞에 일반동사가 사용되었기 때문에 부가의문문에는 don't를 사용한다.

어구 look for ~을 찾다 tasty 맛있는 healthy 건강한 much (비교급 앞에서) 훨씬 vegetable 채소 a lot of 많은

Final Review

1 ② 2 ③ 3 ④ 4 ① 5 ④ 6 ②
7 ② 8 ④ 9 ④ 10 ③ 11 ③ 12 ④
13 ③ 14 ⑤ 15 ④ 16 ④ 17 ①
18 ⑤ 19 ③ 20 ② 21 ⑤ 22 ①
23 ⑤ 24 ⓐ took ⓑ sang 25 we weren't
26 Will you join me for dinner 27 Why don't we take a taxi to 28 more expensive than
29 (1) mine (2) theirs 30 Did, did, drew
31 were not pleased 32 (1) at (2) in (3) on
33 (1) How (2) Where (3) What (4) When

1

공원에는 많은 _______이 있다.

① 개들 ② 풀 ③ 사람들 ④ 나무들 ⑤ 아이들

해설 many는 셀 수 있는 명사의 복수형 앞에 사용하는 말이기 때문에 셀 수 없는 명사인 단수인 grass는 빈칸에 들어갈 수 없다.

어구 grass 풀, 잔디

2

_______은/는 보통 10시 전에 잠자리에 든다.

① 그 ② Chris ③ 사람들 ④ 그 남자 ⑤ 그녀의 삼촌

해설 go의 끝에 -es가 붙은 것으로 보아 빈칸에는 3인칭 단수가 사용되어야 함을 알 수 있는데 People은 복수이기 때문에 빈칸에 들어갈 수 없다.

어구 usually 대개, 보통 go to bed 자러 가다, 잠자리에 들다

3

창밖을 좀 봐. 지금 눈이 오고 있어.

해설 현재진행형은 「be동사 현재형(am/are/is)+동사원형-ing」 형태로 나타낸다.

어구 look out 밖을 보다

4

• 이 수프는 정말 맛있구나!

• 얼마나 많은 학생들이 그 캠프에 참가하고 있나요?

해설 How로 시작하는 감탄문은 「How+형용사+(주어+동사)!」로 나타낼 수 있고, 사람이나 사물 등의 수를 물을 때는 How many ~?를 사용할 수 있다.

어구 soup 수프 attend 참가하다, 참석하다

5

A: 너희들은 어제 서울에 있었니?

B: 아니, 그렇지 않아. 우리는 인천에 있었어.

A: 인천 어디에 갔었니?

B: 우리는 차이나타운에 가서 짜장면을 먹었어.

해설 일반동사가 사용된 의문사 의문문의 과거시제는 「의문사+did+주어+동사원형 ~?」 형태로 사용하기 때문에 went가 아닌 go를 써야 한다.

어구 yesterday 어제 Chinatown 차이나타운

6

〈보기〉 쓰다 – 썼다

① 보다 – 봤다 ② 하다 – 끝난 ③ 가지고 있다 – 가지고 있었다
④ 말하다 – 말했다 ⑤ 가지고 오다 – 가지고 왔다

해설 일반동사 '현재형 – 과거형'의 관계이기 때문에 ②는 'do(현재형) – done(과거분사형)'이 아닌 'do(현재형) – did(과거형)'가 되어야 한다.

7

① Sandra는 시카고 출신이야, 그렇지 않니?

② 저 아이들은 사탕을 좋아해, 그렇지 않니?

③ 같이 캠핑 가자, 그럴래?

④ 지수는 파티에 가지 않았어, 그렇지?

⑤ 너는 다른 언어를 말하지 못 해, 그렇지?

해설 ② 앞에 일반동사 현재형 love가 사용되었기 때문에 didn't가 아닌 don't를 사용해야 한다.

어구 another 다른 language 언어

8

당신의 부엌이나 거실을 둘러보세요. 캔이나 플라스틱병을 발견할 수 있나요? 그것들을 버리지 마세요. 그것들은 쓰레기가 아닙니다. 당신은 그것들을 재활용할 수 있어요.

해설 '~하지 마라.'라는 뜻의 부정 명령문은 「Don't+동사원형 ~.」의 형태로 나타낸다.

어구 look around ~을 둘러보다 plastic 플라스틱 bottle 병 throw away 버리다 trash 쓰레기 recycle 재활용하다

9

그 학생들 중 한 명은 모둠 활동에 참가하지 않고 있다.

해설 현재진행시제의 부정문은 be동사 뒤에 not을 써서 나타낸다.

어구 participate in ~에 참가하다 group activity 모둠 활동

10

그 의사는 "당신은 이 약을 먹어야만 해요."라고 말했다.

해설 '~해야 한다'라는 뜻의 의무를 나타내는 조동사 have to는 must와 바꿔 쓸 수 있다.
어구 take medicine 약을 먹다 don't have to ~할 필요 없다

11
〈보기〉 행복한 – 행복하게
① 슬픈 – 슬프게 ② 진짜의 – 정말 ③ 사랑 – 사랑스러운
④ 쉬운 – 쉽게 ⑤ 조심스러운 – 조심스럽게
해설 나머지는 모두 '형용사 – 부사'의 관계인데 ③은 '명사 – 형용사' 관계이다.

[12-13]
오늘 나는 엄마와 좋은 시간을 보냈다. 우리는 오전에 쇼핑을 갔다. 나는 신발 한 켤레를 샀고 그녀는 스카프를 구입했다. 우리는 점심으로 피자와 스파게티를 먹었다. 점심 식사 후에 우리는 새로 나온 코미디 영화를 봤다. 그것은 재미있었다. 마지막으로, 저녁에 우리는 한강을 따라 자전거를 탔다. 정말 완벽한 날이다!
어구 have a great time 좋은 시간을 보내다 bought (buy의 과거형) a pair of 한 쌍[켤레]의 ~ scarf 스카프 comedy 코미디 lastly 마지막으로 along ~을 따라 perfect 완벽한

12
해설 밑줄 친 It은 바로 앞에 언급된 새로 나온 코미디 영화를 가리킨다.

13
해설 빈칸 뒤에 a와 명사(day)가 있고, 문장 끝에 느낌표가 있는 것으로 보아 What으로 시작하는 감탄문임을 알 수 있다.

14
A: 저 배가 너무 고파요, 아빠. 오늘 외식을 하고 싶어요.
B: 그래. 너는 어디에서 먹고 싶니?
A: 새로 생긴 베트남 음식점에 가는 건 어때요?
B: 좋아.
해설 How about ~?은 무언가를 제안할 때 사용하는 표현이다.
어구 eat out 외식하다 Vietnamese 베트남의

15
시루는 이 공원에 있는 다른 어떤 강아지보다 더 귀엽다.
해설 「비교급+than any other+단수명사」는 '다른 어떤 …보다 더 ~한'이라는 의미로 최상급의 의미를 나타낸다. 따라서 puppies가 아닌 단수형 puppy를 써야 한다.
어구 cute 귀여운 puppy 강아지

16
① 토요일이다. ② 9시 정각이다.
③ 10월 14일이다. ④ 그건 Andy의 자전거이다.
⑤ 오늘은 아주 흐리다.
해설 ①, ②, ③, ⑤의 It은 비인칭 주어로 사용되었고 ④의 It은 '그것'이라는 뜻의 인칭대명사로 사용되었다.
어구 October 10월 cloudy (날씨가) 흐린

17
A: 가장 가까운 우체국은 거리가 얼마나 되죠?
B: 그건 여기에서 100미터 떨어져 있어요.
해설 How far ~?는 거리 · 정도가 얼마나 되는지를 묻는 표현이다.
어구 post office 우체국

18
나는 새해 첫날에 언제나 할아버지를 방문한다.
해설 특정한 날 앞에는 전치사 on을 사용한다.
어구 grandpa 할아버지(=grandfather) New Year's Day 새해 첫날

19
나의 고모는 캐나다에서 영어를 공부하고 있다.
해설 나라 이름 앞에는 전치사 in을 쓴다.
어구 aunt 고모, 이모

20
• 지금 출발해라, 그렇지 않으면 너는 버스를 놓칠 것이다.
• 버튼을 눌러라, 그러면 문이 열릴 것이다.
해설 「명령문+and ...」는 '~해라, 그러면 …일[할] 것이다'로, 「명령문+or ...」는 '~해라, 그렇지 않으면 …일[할] 것이다'를 뜻한다.
어구 leave 떠나다, 출발하다 miss 놓치다, 그리워하다 press 누르다

21
은지는 키가 아주 크다. 그녀는 우리 반에서 가장 키가 큰 학생이다. 그녀는 학교 농구 동아리에 속해 있다. 그녀는 매일 2시간 동안 농구를 연습한다. 그녀는 미래에 최고의 농구 선수들 중 한 명이 되고 싶다.
해설 (A) 문맥상, 또한 the가 사용된 것으로 보아 최상급이 사용되어야 한다. (B) 숫자 앞에는 during이 아닌 for를 쓴다. (C) 「one of the+최상급+복수명사」의 구조를 사용한 표현이기 때문에 복수 형태인 players를 써야 한다.
어구 basketball 농구 practice 연습하다 in the future 미래에

22
① 내가 너의 자를 사용해도 될까?
② 너는 한국말을 할 수 있니?

③ Jack은 바이올린을 연주할 수 있다.
④ 나는 그 문제를 풀 수 있다.
⑤ 치타는 빠르게 달릴 수 있다.
해설 ②~⑤의 can은 '~할 수 있다'는 뜻의 '능력'을 나타내는 조동사로 사용된 반면, ①의 Can은 '~해도 좋다'라는 뜻의 '허가'를 나타내는 조동사로 사용되었다.
어구 ruler 자 solve 해결하다 problem 문제 cheetah 치타

[23-24]
오늘은 우리 엄마의 생신이다. 나는 6시 30분에 일어나서 엄마에게 아침밥을 만들어 드렸다. 방과 후에 나는 집에 와서 집 청소를 했다. 나는 또한 빨래를 하고 쓰레기를 버렸다. 나는 생일 케이크를 만들었고 엄마에게 생일 축하 노래를 불러드렸다.
어구 do the laundry 빨래를 하다 take out the trash 쓰레기를 버리다

23
해설 글쓴이는 생일 케이크를 직접 만들었다고 했다.

24
해설 문맥상 빈칸에는 주어진 동사의 과거형이 사용되어야 한다.

25
A: 너와 네 여동생은 그때 간식을 먹고 있었니?
B: 아니, 그렇지 않아. 우리는 도서관에서 공부하고 있었어.
해설 you and your sister(너와 네 여동생)이라고 물었기 때문에 we(우리)라고 답하는 것이 자연스럽다.
어구 at that time 그때, 그 당시에

26
해설 조동사가 사용된 의문문은 「조동사+주어+동사원형 ~?」의 순서로 나타낸다.
어구 tonight 오늘 밤

27
해설 Why don't we ~?는 '우리 ~하는 게 어때?'라는 뜻으로 무언가 제안할 때 사용한다.
어구 airport 공항 take a taxi 택시를 타다

28
그 햄버거는 그 샌드위치보다 더 비싸다.
해설 햄버거의 가격이 더 비싸기 때문에 비교급 표현을 사용하여 문장을 완성한다. 이때 expensive는 3음절 단어이기 때문에 앞에 more를 써서 비교급을 나타낸다.

29
(1) 이건 내 스마트폰이다. = 이 스마트폰은 내 것이다.
(2) 저것들은 그들의 의자들이다. = 저 의자들은 그들의 것이다.
해설 I의 소유대명사는 mine, they의 소유대명사는 theirs이다.

30
A: 너는 꽃을 그렸니?
B: 아니, 그렇지 않아.
A: 그러면 너는 무엇을 그렸니?
B: 나는 나무를 그렸어.
해설 B의 대답 No, I didn't.인 것으로 보아, 과거시제로 묻고 답하는 대화임을 알 수 있다.
어구 draw 그리다 then 그러면, 그 다음에

31
해설 우리말 뜻에서 과거형 be동사가 사용된 문장임을 알 수 있는데 주어(Bob's cousins)가 복수이기 때문에 were를 쓰고 부정문이므로 그 뒤에 not을 써 준다.
어구 cousin 사촌 pleased 기쁜

32
(1) 그 행사는 정오에 시작한다.
(2) 우리 아빠는 1977년에 태어나셨다.
(3) 나는 보통 일요일에는 외출하지 않는다.
해설 시각 앞에는 at, 연도 앞에는 in, 요일 앞에는 on을 쓴다.
어구 event 행사 noon 정오, 낮 12시 be born 태어나다 go out 외출하다

33
A: 너 시드니 여행은 어땠니?
B: 좋았어.
A: 시드니에서 어디를 갔었니?
B: 나는 동물원에 갔었어.
A: 거기에서 무엇을 했니?
B: 나는 코알라를 보고 그들에 대해 배웠어.
A: 언제 돌아왔어?
B: 나는 그저께 돌아왔어.
해설 대답을 통해 각각의 질문이 How, Where, What, When으로 시작함을 유추할 수 있다.
어구 trip 여행 koala 코알라 the day before yesterday 그저께

EBS

중학 신입생 예비과정

영어